द्वापर की पीड़ा

डॉ.ओम प्रकाश यादव

(Dr Om Prakash Yadava)

ISBN-13: 978-1983597084

ISBN-10: 1983597082

डॉ.ओम प्रकाश यादव

समर्पण

हर युग किसी न किसी प्रकार की पीड़ा से भरा रहा है;कभी परमसत्य को प्राप्त करने के लिये हर प्रकार का कष्ट उठाना श्रेयस्कर माना गया तो कभी सत्ता या अधिकार प्राप्ति के लिये कष्ट का मार्ग अपनाना पड़ा।यह परम सत्य है कि पीड़ा का मार्ग ही परमसत्ता का मार्ग है।सतयुग से लेकर द्वापर तक यही होता रहा मात्र लक्ष्य बदलते रहे।यह पुस्तक उन सभी को समर्पित है जो सत्य की खोज में पीड़ा के मार्ग को सहर्ष अपनाते हैं।

PAPERBACK EDITION

$10

विषय वस्तु

क्रमांक	विषय	पृष्ठ संख्या

प्रस्तावना

हिन्दू धर्म शास्त्रों के अनुसार सृष्टि के एक पूर्ण चक्र को चार युगों में विभक्त किया गया है; वे हैं सतयुग,त्रेता,द्वापर और कलियुग।हर युग की अपनी एक अलग विशेषता है,अपनी अलग पहचान है और बिल्कुल अलग जीवन मूल्य हैं।सतयुग धर्म और मूल्यों की श्रेष्ठतम ऊँचाई पर है,मगर जैसे-जैसे युग आगे बढ़ता है,धर्म,कर्म और मूल्यों का पतन एवं ह्रास होता जाता है; और अंतोगत्वा कलियुग में पाप की ही मर्यादा शेष रह जाती है।इस समय विश्व कलियुग के अध्याय से गुज़र रहा है और बीते हुये युग द्वापर से जो पाठ मिला है इच्छानुसार उनका उपयोग कर सकता है।

द्वापर युग विसंगतियों एवं विरोधाभासों का युग रहा है,जहाँ एक तरफ़ उद्घात जीवन मूल्य थे वहीं दूसरी तरफ़ अधमता की पराकाष्ठा भी थी और ऐसा जीवन के हर क्षेत्र नें हुआ।लेकिन जो युग के महा महानायक थे उनका अभ्युदय विचित्र परिस्थियों में हुआ और वे नगण्यता से प्रारम्भ कर अपने क्षेत्र में पूर्णता को प्राप्त हुये।श्रीकृष्ण और कर्ण उस युग के ऐसे दो महान चरित्र हैं; एक धर्म,कर्म और ज्ञान के क्षेत्र का महानायक था तो दूसरा दानवीरता का पर्याय था और स्यात ऐसे दो चरित्र इस धरा धाम पर पुन: नहीं आयेंगे।

इस युग की सबसे बड़ी विशेषता है की हर घटना दूसरी घटना से जुड़ी हुयी है,जिनकी परिणति अच्छे और बुरे दोनों रूपों में हुयी है।इन घटनाओं के माध्यम से आदर्शों की स्थापना भीऔर अवहेलना भी हुयी है।श्रीकृष्ण और सुदामा दोनों सहपाठी थे,संदीपनि गुरु के आश्रम में साथ-साथ रहे लेकिन दोनों के बीच में किसी तरह का कोई समझौता नहीं था,वर्षों पश्चात जब महाग़रीब सुदामा अपने मित्र से मिलने उनके राज्य द्वारका में आये,तो उनके मित्र ने मात्र भव्य स्वागत ही नहीं किया अपितु उन्हें धन-धान्य से परिपूर्ण कर दिया,वह भी बिना उन्हें बताये; लेकिन उसी काल में द्रोण और पाँचाल कुमार द्रुपद जो गुरुकुल में घनिष्ठ मित्र थे और आपस में इतना अधिक स्नेह था

कि द्रुपद ने पाँचाल नरेश बनने पर अपने मित्र को अपना आधा राज्य देने का वादा किया था लेकिन उनके राजा बनने के बाद जब द्रोण मिले तो द्रुपद अपना वादा भूल गये और उन्हें अपमानित किया,जो महाभारत के कारणों में एक बना।

पितामह भीष्म जिन्हें उस युग का सर्वश्रेष्ठ चरित्र कहा जाता है और जो अपनी प्रतिज्ञा से तनिक भी नहीं हिले,कुछ ऐसे कार्य कर बैठे जिन्हें किसी भी कोण से न्यायोचित नहीं ठहराया जा सकता और वह कार्य था नारी का अपमान और ऐसा उन्होंने कम से कम तीन बार किया।उनके कर्मों ने महासमर में और उनकी मृत्यु में महत्वपूर्ण भूमिका निभाई।

इस काल में नारी की मर्यादा एवं गरिमा बहुत तीव्र गति से परिवर्तित हुयी; देवी गंगा ने शान्तनु से विवाह अपनी शर्तों पर किया और उनके किसी भी कार्य पर प्रश्न नहीं किया जा सकता था।धीवरबाला सत्यवती का भी विवाह कुछ शर्तों पर ही सम्भव हो सका और इस शर्त ने इतिहास की दिशा ही बदल दी।लेकिन जैसे ही युग आगे बढ़ा नारी गरिमाविहीन एवं भोग्या बन गयी।गांधारी,अम्बा,अम्बिका और अम्बालिका एवं भानुमती का अपहरण हुआ और उन्हें इच्छारहित वरण के लिये बाध्य होना पड़ा; द्रौपदी ने वरण एक से किया था लेकिन उसे पाँच पतियों की पत्नी बनना पड़ा।इतना ही नहीं भरी सभा में द्रौपदी को निर्वस्त्र करने का प्रयास किया गया और समाज ने उसे स्वीकार कर लिया।

 युग के निर्माण में कुछ पात्रों का अति महत्वपूर्ण स्थान हैं,इनमें मुख्य रूप से उल्लेखनीय हैं,देवकी,यशोदा,कुन्ती,कृष्णा या द्रौपदी,कर्ण और श्रीकृष्ण और इनमें कृष्णा,कर्ण और श्रीकृष्ण की अति सक्रिय भूमिकायें हैं ।पूरा महाभारत महासमर इन्हीं के चारों ओर बुना हुआ है।इस महासमर में एक ओर वे समस्त शक्तियाँ हैं जो लोभ,मोह,घृणा ,राज्यलिप्सा,विवशता एवं छल-कपट के सहारे अपना प्रभुत्व स्थापित करना चाहती हैं और उनके साथ अपार संख्या में शक्ति बल व सैन्य बल है और दूसरी ओर धर्म और जीवन

मूल्यों की रक्षा करने वाली शक्तियाँ हैं जो शक्ति बल एवं संख्याबल में अल्प हैं।अंत में विजय धर्मपथ पर ही प्राप्त होती है और जीवन मूल्यों एवं धर्म की पुनर्स्थापना होती है। लेकिन इस प्रयास में समाज का,राष्ट्र का प्रत्येक व्यक्ति प्रभावित होता है।इस युग के सर्वश्रेष्ठ नायक हैं श्रीकृष्ण जो हर क़दम पर नीति और धर्म का साथ भी देते हैं और उनका पाठ भी देते हैं। इस महानायक के परलोक गमन के साथ ही द्वापर का युगान्त हो गया।

इस युग के सभी महानायक पीड़ा के बोझ से दबे थे और उन्होंने किसी न किसी रूप में अपनी पीड़ा की अभिव्यक्ति भी की थी,युग द्वापर ने भी बहुत दुख के साथ इस धराधाम से प्रयाण किया।

अपने अंतिम समय में इनके साथ क्या पीड़ा थी और उनकी अभिव्यक्ति किस रूप में की गयी,उसी का प्रयास इस पुस्तक में किया गया है।आशा है यह प्रयास सुधी पाठकों को अवश्य पसंद आयेगा।

ओम प्रकाश यादव
जनवरी २०१८
पुणे,भारत

प्रथम सर्ग

चिन्ता

आ रहा अन्त निकट था,
युग द्वापर का,
चिन्तित था युग-पुरुष,
सोच-सोच कर अन्त अपना,
देखा था उसने अगणित,
महानायकों को बनते,
उसने यह भी देखा था,
कैसे-कैसे महाशक्तिवान,
धर्मविहीन होकर मिटते।
शैशव से लेकर यौवन तक,
यौवन से आगे जीवन के पतझड़ तक,
काल-पुरुष रहा साक्षी था,
नये-नये समीकरणों का,
पिता-पुत्र जैसे एक-रक्त के मध्य,
बिगड़ते सम्बंधों का,
युगपुरुष बनते मानव को,
अधमता को भी लज्जित करते,
कुलीन कुमारों को,
वह हो रहा विकल था,
स्मृतियों के अंम्बारों से,
भूल नहीं पाने वाले,
लज्जाविहीन आख्यानों से;
महाराज परीक्षित ने दे दिया था,
वर जाने-अनजाने,
कलियुग को आने का,

धराधाम को त्रस्त कर जाने का,
जो हुआ धर्म स्थापित था,
महाप्रलय रूपी महासमर से,
उसे कालकवलित कर जाने को ।

कलयुग को मात्र अनुमति,
पर्याप्त थी अपना हाथ दिखाने को,
भस्मासुर की भूमिका निभाने को,
श्रीहरि विष्णु ने बचा लिया था,
शिव को उसके चंगुल से,
भ्रमित कर दिखा उस दानव को,
भुवन-मोहिनी रूप अपना,
पर द्वापर के विष्णुरूपधारी जा चुके हैं,
कर समाप्त कार्य अपना,
महाकाल के गह्वर में,
दे आश्वासन लौटने का,पर कब?
जब होगा पाप चरम सीमा पर,
था निश्चित शिघ्र नहीं आयेंगे,
द्वापर को कलियुग के,
कराल हाथों से बचा नहीं पायेंगे।
महाराज परीक्षित ने,
जितने भी स्थान दिये थे,
जकड़ लिया था पंजों में अपने,

महादानव कलियुग नें,
छोड़ा नहीं उन्हें भी,
कर मतिहीन अपमान करा दिया,
ऋषि श्रृंगी का उनसे,
परिणाम स्वरूप पा गये श्राप,
सर्पराज तक्षक के दंश से,
मृत्यु पाने का;
पुत्र जनमेजय ने प्रतिकार स्वरूप,
कर नाग यज्ञ,
महाविनाश यज्ञ,
बना दिया पावन भरत-भूमि को,
श्मशान-भूमि नागवंशियों की,
एक-एक कर छोटे-बड़े सभी,
भस्म होते रहे,
नागलोक वासी,
नागवंशी आबाल वृद्ध सभी,
मच गया कुहराम था,
हाहाकार था,
पर साहस नहीं था कर सके,
प्रतिकार कोई,
जनमेजय के नाग-यज्ञ का,
अंतत: ऋषियों का एक समूह,
साहस कर आया,
महाराज जनमेजय को समझाया,
उचित नहीं यज्ञ को और आगे ले जाना,

अनुचित होगा नागवंश को समूल नष्ट कर देना,
तक्षक ने किया वही,
जो आदेश मिला था उसको,
यदि कोई रोष हो मन में,
ऋषि श्रृंगी ही समाधान कर पायेंगे,
क्यों श्राप दिया था,
आपके पिता परिक्षित को,
वही स्पष्ट कर पायेंगे,
था पांडु वंशज प्राप्त किये गुण,
जनमेजय ने अपने पुरखों से,
ऋषियों,मुनियों का सम्मान किया,
उनका अनुरोध स्वीकार किया।

जनमेजय थे अपूर्व महाबली,
प्रपितामह अर्जुन के गुणों से भरे हुये,
शस्त्र और शास्त्र में समान रुचि रखने वाले,
आदर्शों पर अडिग रहने वाले,
 स्वीकार कर लिया था,
द्वापर को जाना है,
दानव कलियुग को आना है,
पर थे दृढ़ पिता के दिये आश्वासन पर,
कलियुग को अनुमति प्राप्त,
स्थानों पर ही रहना है;

अष्ट दशकों तक रोका उन्होंने,
इस दानव को,
अपना तन्त्र पूर्ण विकसित करने से,
पर उनका प्रयाण जग से,
कर गया मार्ग प्रशस्त,
कलियुग आगमन का,
हर जाने,अनजाने क्षेत्र में।
हुआ राज्यारोहण पुत्र अश्वमेध का,
उसी के साथ हो गया अश्वमेध,
कलियुग का,
दे अनन्त पीड़ा,
युग द्वापर को,
कर पूर्ण समापन उसका ।

युग कलियुग ने अपना लिया,
युग द्वापर का हर एक दुष्कर्म,
जो लालसाओं और अनीति से था उपजा,
पर रहा निष्क्रिय अपनाने में,
ज्ञान,ध्यान,मर्यादा,मित्रता,
जिनका मानदण्ड किया था,
स्थापित युग द्वापर नें।

द्वितीय सर्ग

कुन्ती

अंत था सत्रहवें दिन का,
महासमर,महाभारत का,
प्रसन्नता से भरा हुआ आया अर्जुन,
अग्रज के कक्ष में समाचार देने,
विजय पथ का,कर्ण वध का,
मुदित मन धर्मराज ने,
सभी बन्धुओं को किया सूचित,
पाँचाली भी आई,
सुन कर्ण-वध समाचार हर्षाई;
चले समस्त पांडुपुत्र ले पाँचाली संग,
माँ कुन्ती को समाचार सुनाने,
कर्ण वध का हाल बताने,
अब लक्ष्य-विजय दूर नहीं,
जा चुका अंतिम महायोद्धा,
कौरव पक्ष का।

मुदित मन सबने माँ को,
समाचार सुनाया,
महासमर का अंत दूर नहीं,
माँ को बतलाया,
पर माँ के मुख पर भाव न कोई आया,
नहीं माँ ने कोई उत्साह दिखाया,

उसकी आँखें थीं रीती-रीती,
जैसे खोज रहीं कुछ नभमंडल में,
या खो गयीं कहीं शून्य-गगन में,
युधिष्ठिर ने भाँप लिया,
कुछ अवसाद था माँ के मन में।
अर्जुन ने किया पुन: ध्यानभंग माँ का,
जननी! क्या कोई क्लेश है तुम्हारे मन में,
क्या प्रसन्न नहीं हो मेरी विजय से?
कुन्ती की जैसे तन्द्रा टूटी,
कुछ अनमने भाव से बोली,
यह तो आशा थी मुझको,
थे केशव साथ तुम्हारे,
पर क्यों नहीं आये हैं माधव संग तुम्हारे?
देखा पार्थ ने अलट-पलट कर,
नहीं दिखे केशव कहीं पर,
हो गये विस्मित सभी पांडव गण,
हो गया क्या ऐसा, सदैव साथ रहने वाले,
मुरलीधर संग नहीं उनके,
हुआ खेद युधिष्ठिर को,
अति उत्साह में भूल गये,
रहा नहीं स्मरण परम हितैषी अपना;
था अति दुष्कर अनुमान लगाना,
कहाँ होंगे बंशीधर?

कुंती ने देखा दूर-दूर तक, कहीं
श्रीकृष्ण नहीं थे दृष्टिगत,
समझ गयी वह,
कहाँ होंगे गिरिधर,
बुझे-बुझे नेत्रों से कहा माँ ने,
मैं अनुमान लगा सकती हूँ,
कहाँ होंगे मधुसूदन,
जाओ तुम सब जाओ,
जहाँ मृत्यु हुयी है कर्ण की,
जाओ विधिवत अन्त्येष्टि करो उसकी,
पूरा ध्यान रखो वृशा और उर्मी का,
था वह ज्येष्ठ पुत्र मेरा,
और तुम्हारा अग्रज।

टूट गया तारा कोई नभ से,
गिरा धड़ाम धरा पर,
घूम गया ब्रह्माण्ड नेत्रों के आगे,
हो गये धर्मराज हतप्रभ,
हो गयी समस्त प्रसन्नता छू मंतर,
उपजा क्रोध उस महासंयमी को,
माँ के इस अप्रत्याशित रहस्योद्घाटन पर,
हो गया किंकर्तव्यविमूढ़ धनुर्धर भी,
हो गया था महापाप उसके हाथों,

यदि बता दिया होता माँ ने,
यह सत्य यथा समय,
महासमर नहीं होता,
महाविनाश नहीं होता,
अग्रज वध का पाप नहीं होता,
क्षमा नहीं कर पाये धर्मपुत्र,
माँ को,
श्राप दिया समस्त नारी जाति को,
कोई रहस्य गुप्त न रख पाने का,
कुन्ती ने मात्र इतना ही कहा,
हो सकता है उचित तुम्हारा क्रोध करना,
पर पहले जाओ,
अपना कर्तव्य निभाओ,
भ्राता का अंतिम संस्कार रचाओ।

पांडु-पुत्र रण-क्षेत्र में आये,
जहाँ मृत पड़ा था उनका अग्रज,
देखा वहाँ दुर्योधन आ चुका था,
उनसे पहले ही,
कर्ण के अंतिम संस्कार को उद्यत,
और श्रीकृष्ण,
बैठे थे लीये शीश उसका अंक में अपने,

पांडव और दुर्योधन दोनों नें इच्छा व्यक्त की,
अंतिम संस्कार करने की उसका,
पर रोक दिया सुदर्शनधारी ने दोनों को,
यह कह कर,
बचन दिया है मैंने इस महा धनुर्धर को,
यह कार्य मुझे ही करना होगा,
नहीं साथ देगा तुममें से कोई,
प्रतीक्षा कर रहा हूँ,
वृशा,उर्मी और वृषकेतु की,
लौट जाओ तुम सब,
मिलूँगा कल प्रात:,
पूर्ण कर कार्य अपना।

लौट पाँचो भाई आये,
जो कुछ हुआ था हाल,
माँ को बतलाये,
कुन्ती ने कर सम्बोधित उन सब को,
प्रिय-अप्रिय वचन सुनाये,
"विजय तुम्हें कल प्राप्त हो जायेगी,
पूर्ण हो चुका कर्म-क्षेत्र मेरा,
अब धर्म-क्षेत्र की बारी है,
यह कार्य स्वंय अकेले ही मुझको,
करना होगा,
पाँचाली संग आगे की जीवन-यात्रा,

तुम सबको पूरी करना होगा,
आशीष सदैव होगा मेरा साथ तुम्हारे,
सदैव ध्यान रखना,
नकुल और सहदेव का,
वचन दिया था मैंने माद्री को,
जैसे ही केशव आयेंगे,
ले अनुमति उनसे,
मै अपनी राह चली जाऊँगी,
आगे का जीवन मैं,
उनके सहारे ही बिताऊँगी।"

कुन्ती ने ले लिया था अरण्यवास,
ज्येष्ठ और गांधारी भी,
साथ-साथ आये थे,
सन्यास मार्ग पर आगे बढ़ने को,
मोक्ष-मार्ग पर चलने को;
कहने को थे तीनों साथ-साथ,
पर बहुधा कुन्ती एकाकी हो जाती थी,
स्मृतियों के सागर में डूबती-उतराती थी,
वह समझ नहीं पाती थी,
वह पुण्यमयी थी या पापरूप धरा पर आई थी,
परमपिता से उपहारस्वरूप संघर्षों को ही लायी थी,

अत्रि-अनुसुइया पुत्र ऋषि दुर्वासा ने,
वरदान दिया था या अभिशाप दिया था उसको,
जिसका परिणाम भुगतती रही,
वह जीवन भर,
एक ज्येष्ठ पुत्र को त्याग दिया था उसने,
रक्षा करने को अपने कौमार्यावस्था की,
दूसरे ज्येष्ठ पुत्र ने त्याग दिया उसको,
लांछन दे रहस्य छिपाने का;
ऋषि दुर्वासा ने वरदान दिया उसको,
देव आवाहन का,पुत्र प्राप्ति का,
ऋषि किंदम ने श्राप दिया महाराज पांडु को,
पत्नी का संसर्ग करते ही,
मृत्यु पा जाने का,
उसे मिला न सुख पति संसर्ग का,
और न मिला सुख मातृत्व का,
सती होने का भी गौरव छीन लिया,
कनिष्ठा माद्री ने,
न रह पायी महारानी,
नहीं मिली गरिमा राजमाता की;
यदि मिला कुछ तो दुख ही दुख था,
वन था,पर्वत थे,नदियाँ थीं,
जंगल ही जंगल था,
प्रारम्भ किया पीड़ा से,
एकाकीपन से,
अंत भी लगता है,वैसा ही होगा,

माना मैनें माँगा मधुसूदन से,
जीवन में दुख ही,
पर प्रारम्भ नहीं माँगा था,
परमपिता से मैनें ऐसा,
पर हाय विडम्बना ऐसी,
नियति मिली मुझको दुख से भरी हुयी।

बचपन से लेकर यौवन तक की,
हर बातें याद आती थीं उसको,
सिहर-सिहर जाती थी वह,
सोच-सोच कर जीवन की धारा,
जन्म मिला महाराज शूरसेन के,
प्रांगण में,उनके आँगन में,
मिली गोद भरी हुयी धन-धान्य से,
ममता का बाहुल्य मिला,
आशीष मिला राजभवन से ले हर जन का,
मानो एक परी नभ से आई,
धराधाम पर ख़ुशियाँ लाई,
बीत रहे थे दिन ऐसे,
पवनहंस उड़ते जैसे,
 जैसे-जैसे वय बढ़ती जाती,
उसकी सुन्दरता,कुशाग्रता अधिकाती,

महाराज के सहभ्राता कुन्तीभोज,
थे संतानहीन पर अतिशय स्नेह दर्शाते,
महाराज शूरसेन ने दिया अपनी पुत्री उनको,
उसका भविष्य,भाग्य बनाने,
कुन्ती को अनंत प्यार मिला,
सपनों का संसार मिला,
रूप,गुण से सम्पन्न वह बाला,
कौशर्यावस्था को करते ही प्रणाम,
महाक्रोधी ऋषि दुर्वासा के सानिध्य में आई,
अपने सेवा,संस्कार,समर्पण से,
उस सिरफिरे को हर्षाई,
दिया वर उसने देव आवाहन का,
जो बना कारण युग परिवर्तन का।

कुन्ती भूल न पाई कभी वह नवजात,
जो कवच-कुण्डल युक्त गोंद में उसकी आया,
अपलक नैनों से निहारता रहा माँ को,
रहा जब तक उसके अंक में समाया,
किया प्रवाहित उसे जब,
अश्ववेगा के जल प्रवाह में,
टूट गयी थी अंदर तक,
छोड़ते हुये उसे जल धार में,
फिर ज्ञात न हो सका,
गया कहाँ वह नन्हा शिशु;

वर्षों पश्चात राजकुमारों के दीक्षांत समारोह में,
अचानक दिखा एक दिव्य नवयुवक,
जो अनाधिकृत चेष्टा कर आया था,
अस्त्र-शस्त्र से सुसज्जित,
कवच-कुंडल युक्त,भानु की आभा से समाया था,
पहचान गयी थी वह अपने नवयुवक पुत्र को,
पर साहस नहीं कर पायी,
परिचय देने को उसका-अपना,
वही भिरुता बन गयी,
अन्तहीन दुख का कारण;
कुन्ती सोचने लगी,
मैं सत्यवती की पप्रौत्र वधू थी,
व्यास की पुत्र वधू,
कुरुवंश में तो होता ही था,
जैविक पिता अन्य,
सांसारिक पिता कोई और,
जिसने मान लिया पुत्र वही पिता,
मैं साहस कर सकती थी,
उस पुत्र का परिचय दे सकती थी,
यदि थोड़ा साहस कर आगे आ जाती,
परिचय दे देती उसका,
कौन्तेय होता वह भी,
मैं होती राजमाता,
यह अरण्यवास नहीं होता,
 मेरा पूरा जीवन जंगल का,

दुख का,अधिकारों से वंचित रहने का,
पर्याय न होता।

स्वंयवर में स्वंय चुन महाराज पांडु को,
हस्तिनापुर की महारानी बन आईं,
कुछ समय पश्चात मिली,
मद्रबाला माद्री सहचरी रूप में,
फूली नहीं समाईं,
तीनों गये वन-विहार को,
राजकाज से दूर अवकाश मनाने को,
महाराज पांडु से हो गयी भूल अनजानी,
जिसकी भयंकर क़ीमत पड़ी चुकानी,
शब्दभेदी वाण चला दिया पांडु ने,
रतिक्रीड़ारत व्याघ्र वेषधारी ऋषि किंदम पर,
मरते-मरते दिया श्राप ऋषिवर नें,
नारी स्पर्श करते ही मृत्यु मुख जाने का,
दुर्वासा का वरदान हो गया सार्थक,
पाँच पुत्रों को पाने में,
पांडु का वंश चलाने में,
पर वह भूल हो गयी थी जो,
मंत्र की सत्यता परखने को,
बन गयी शूल एक,
एक ऐसा शूल,
जो चुभता रहा जीवन भर।

याद आ गया उसे वह अशुभ दिन,
जब हस्तिनापुर की राज्य सभा में,
निर्वस्त्र करने का प्रयास हुआ था,
उसकी पुत्र-वधू पाँचाली का,
वह आज भी सिहर जाती है,
पितामह भीष्म और गुरु द्रोण की,
कापुरुषता को सोच-सोच कर,
विश्वास उठ गया था उनसे उसका,
बेच दी थी उन्होंने स्मिता अपनी,
दुष्ट दुर्योधन के हाथों,
रोष बहुत था उसको गांधारी पर,
बनी हुयी थी अंधी जो जान-बूझ कर,
अपनी महत्वाकाँक्षा की पट्टी नेत्रों पर बाँधे,
क्या-क्या दुर्व्यवहार नहीं किया गांधारी ने,
बना दिया दासी उसको,
उसके ही राजमहल में,
वंचित किया उसके पुत्रों को,
हर राजसी सुख-वैभव से,
उनके सामान्य शैशव से,
कुन्ती सोचती रही,
फिर भी मैंने उनको सदैव ज्येष्ठ भगिनी माना,
दीदी का सम्मान दिया,

हर पथ पर उनका मान किया,
वही मान आज भी कर रही हूँ,
जीवन के अंतिम पथ पर,
इस कंटक वन में,
तब भी मैं थी भीड़ में अकेली,
आज भी वही एकाकीपन है;
धृतराष्ट्र थे प्रभारी शासक,
उनका राज्याभिषेक था कभी हुआ नहीं,
पांडु की असमय मृत्यु का लाभ उठा बैठे,
अनाधिकार शासन करते थे
पांडु-पत्नी और उनके पुत्रों को,
बना दिया बेगाना,
जो थे वास्तविक उत्तराधिकारी;
भीष्म थे पितामह सर्वश्रेष्ठ कुरु,
उनकी ही शक्ति पर टिका हुआ था,
धृतराष्ट्र का शासन,
उनका सिंहासन,
यदि वे चाहते न्याय दिला सकते थे,
धृतराष्ट्र को सत्मार्ग पर ला सकते थे,
पर वे कर रहे वही थे,
जो किया उन्होंने देवी अम्बा के संग,
किसी न किसी प्रतिज्ञा का ले सहारा,
हो रहे थे परांगमुख,
न्याय-धर्म से,अपने उचित कर्म से,
यदि पितामह ने धर्म निभाया होता,

महा समर नहीं होता ,
महाविनाश नहीं होता,
और स्यात,अपना ये हाल नहीं होता।

हाँ क्लेश बहुत है,
सालता रहता है मुझको अब तक,
अन्याय किया मैनें अग्निसम्भवा,
पाँचाल-सुता पर,
यह कह कर,
आपस में बाँट लो तुम पाँचो,
जब युधिष्ठिर ने कहा,
माँ ! देखो आज हम क्या लाये हैं?
वास्तविकता यही है,
था ज्ञात मुझे अर्जुन,
 पाँचाली को वरण कर लाया था,
भार्या थी वह मात्र अर्जुन की,
पर मैंने छीन लिया था,
द्रुपद-सुता को उससे,
बाँट दिया उसे पाँचों में वस्तु बना कर,
क्या बीता होगा उसपर,
अनुमान नहीं लगा पाती हूँ,
आज भी अपने नारी पर किये,
अपराध पर पछताती हूँ,

विविध तर्क देकर मैंने,
न्यायोचित बतलाया था,
मेरे कारण मेरे ही ज्येष्ठ पुत्र कर्ण ने,
घूतसभा में वेश्या कहकर,
उसका सम्मान गिराया था;
किस तरह निभाया होगा उस देवी ने,
पत्नीत्व पाँच-पाँच पतियों का,
जो थे आचार-व्यवहार में भिन्न एक दूसरे से,
उसने सहा सब कुछ,
नहीं किया प्रतिकार कभी मेरा,
मेरे पुत्रों से भी अधिक मेरा सम्मान किया,
जब त्याग दिया मुझे युधिष्ठिर ने,
उसने सुना दिया था बहुत कुछ,
धर्मराज को उनकी नादानी पर,
पड़ी रही मेरे पैरों में मुझे मनाने को,
पर मैंने ही समझाया उसको,
नियति के आगे झुक जाने को,
मैंनें सौंप दिया था सारा भार उसे,
माँ,भार्या,भगिनी,सभी भूमिका निभाने को,
सभी पांडुपुत्रों को बाँधे रखने को,
सारा उत्तरदायित्व निभाया उसने,
नहीं कभी की आनाकानी,
नहीं व्यक्त किया क्लेश कभी,
नहीं झुकी परिस्थितियों के आगे;

पर हाय! त्याग दिया मैंने सब कुछ,
स्नेह,समर्पण,सहनशीलता उसकी,
इस अरण्य एकाकीपन में याद बहुत आती है,
पांचालसुता से किये गये अन्याय की,
स्मृतियाँ मुझे बहुत सताती हैं,
है माधव! यदि तुम सुन सकते हो मेरी वाणी,
कृपा इतनी करना,
यदि पुनर्जन्म मैं पाऊँ,
द्रौपदी को पुत्र-वधू नहीं,
सुता रूप में मुझको देना।

बस एक ही स्मृति है,
सान्त्वना,शांति कुछ देती है,
भांजे माधव,मधुसूदन,श्रीकृष्ण,
जिसने सदैव साथ दिया,
हर दुख में,हर कष्ट में,
वेदना के हर क्षण में,
आभास उन्हें हो जाता था,
आने वाले हर दुखमय पल का,
बिना बुलाये पास आ जाते थे,
दुख के,कष्ट के,विपत्ति के उस पल में,
लगता है ईश ने मुझे भेजा,
दे दुर्भाग्य नियति में मेरी,

पर सौभाग्य स्वरूप दिया मुझे,
श्रीकृष्ण रूप में परम सहारा,
सम्हाला उसने मुझको,
मेरे पुत्रों को,मेरी पुत्र-वधू को,
विजय दिलाई मेरे पुत्रों को,
उनका अधिकार दिलाया उनको;
गुरुपुत्र अश्वस्थामा ने कर दी थी,
अधमता की पराकाष्ठा ब्रह्मास्त्र चला कर,
पपौत्रवधू उत्तरा के गर्भ पर,
करने को समूल विनाश,
पांडुवंशज का,मेरे कुल का,
कोई दुर्दांत दस्यु भी नहीं करता,
अधम कर्म ऐसा जो किया,
एक महान ब्राह्मण-पुत्र ने,
यदि नहीं होते श्रीकृष्ण,
आज मैं भी गांधारी सम कुलहीन होती,
गांधारी ने तो सदैव साथ दिया था,
अपने अति महत्वाकांक्षी नेत्रहीन पति का,
मैनें नहीं छोड़ा धर्मपथ,
स्यात इसीलिये मुरलीधर ने करुणा की,
बचा ली डुबती नैया मेरे बंशावलि की;
यही एक प्रसन्नता है,
दे रही सम्बल इस अरण्य में,
पर आगे अंधकार ही अंधकार है,
इस अंतहीन अंधकार में ये दो सहयोगी हैं,

जिनको मुझको ही सहारा देना है,
युग बीत गये माधव भी भूल गये,
सोच नहीं पाती हूँ,
अब और बचा क्या है,
जीने में,मुक्तिमार्ग पाने मे,
बस एक ही आशंका जो बार-बार आती है,
अंतर्मन तक घायल कर जाती है,
मेरा सारा यौवन बीत गया,
उपेक्षा और षणयंत्रों के दावानल में,
धृतराष्ट्र और गांधारी ने जो दिया मुझे,
बच गयी थी मैं और मेरे पुत्र सभी,
वाराणावत के उस दावानल से,
जो नर-राक्षस दुर्योधन ने रचा था,
मेरा समूल नष्ट करने को,
थे महात्मा विदुर चुपचाप साथ दे रहे,
हर बार सम्हाला उनके षणयंत्रों से,
पर अब वह भी साथ नहीं,
मधुसूदन भी दूर कहीं जा बैठे हैं,
पड़ते नहीं दिखाई हैं;
अंतिम अध्याय पास आरहा अब,
जिनके कारण जली हूँ जीवन भर,
 हैं साथ वही मेरे,
क्या,अंत भी वैसा ही होगा इस जीवन का,
जल कर,
किसी अरण्य दावानल में?

तृतीय सर्ग

यशोदा

माखन-मिश्री की थाल सजाये,
प्रतीक्षारत बैठी यशोदा टकटकी लगाये,
आशा में कि,
कान्हा किसी भी क्षण आ जाये;
याद नहीं रहा उसको,
लम्बा काल-खण्ड बीत चुका था,
कान्हा प्रौढ़ हो चुका होगा,
उसके लिये तो कान्हा अब भी कान्हा था,
थक-हार कर उसके आँचल में लेटा था।

चौदह-वर्षीय किशोर कान्हा,
अक्रूर के संग गया था मथुरापति के आमन्त्रण पर,
विशेष आयोजन में हाथ बटाने,
कार्य समाप्त कर गोकुल लौट आने;
जाते-जाते माँ को आश्वस्त किया था,
लौट कर आउँगा माँ ,
तेरे ही हाथों माखन-मिश्री खाने।
माँ ने विश्वास किया,
कान्हा झूठ नहीं बोलता,
वादा कभी नहीं तोड़ता,
पर प्रतीक्षा की घड़ियाँ लम्बी होती चली गयीं,
कंस की मृत्यु का समाचार आया,
उग्रसेन के राज्य-रोहण का आमंत्रण आया,

पर कान्हा नहीं लौटा,
न कोई संदेश ही आया।

दिन पर दिन बीत रहे थे,
माँ ने आस न छोड़ी,
बैठी रही अन्तहीन प्रतीक्षा में,
लीये हाथ में माखन-मिश्री की थाली,
पर काल-खण्ड ऐसा था,
उपलब्ध नहीं थी सम्पर्क सूत्र की डोरी,
प्रति दिन जा रही थी प्रतिक्षा ख़ाली;
नन्द बाबा भी ढूँढा करते उसको हर गली में,
हर आँगन में,हर बीथी-बनराई में,
पर लगती हाथ केवल एक,
निराशा,एक हताशा;
कितनी बार बुला राधा को,
पूछा नन्द-यशोदा ने,
क्या मिला उसको,
कोई संदेश,समाचार कान्हा का?
पर वह भी हो रही बावली थी,
बन चुकी पत्नी निमाई की,
फिर भी प्रीत न छूटी थी,
कान्हा से पुनर्मिलन की आस न टूटी थी।

एक दिन एक बटोही आया
मथुरा का हाल बताया,
कर वध कंस का उग्रसेन को सम्राट बनाया,
उसी कान्हा ने लोकतन्त्र पनपाया,
पर मथुरावासियों ने कर अपमानित,
उसको दूर भगाया,
दाऊ को साथ लीये अन्य साथियों के साथ,
 कहीं दूर चला गया कान्हा।

बज्र गिरा यशोदा पर,
शिलाखण्ड गोवर्धन से भी भारी,
कौन उठायेगा,कौन बचायेगा,
जब पास नहीं मुरलीधारी,
जार-जार रो रही यशोदा थी,
आँसू वस्त्र भिगोते थे,
घर,आँगन को गीला करते-करते।
यशोदा टूट गयी,
बची आस भी छूट गयी,
बाबा नंद को कंधा भी न मिला कोई,
सर जिस पर रख कर रो लेते,
टूट चुके थे वह भी पत्थर दिल पर रख कर।
राधा ने एक दिन आकर आस दिलाई,
कान्हा मुझको भूल न पायेगा,
मैं ब्याकुल कर दूँगी उसको,

अपनीं नींदों को उड़ाया है मैनें,
उसकी नींदें भी उड़ा दूँगी मैं,
मिलने मुझसे आना ही होगा उसको,
कान्हा गोकुल की रंगरेलियाँ भूल न पायेगा,
माखन-मिश्री खाने अवश्य आयेगा।

पा एक किरन आशा की,
यशोदा ने उत्साह जुटाया,
पर फिर भी उलझन थी मन में,
आँसुओं को समझाया,
तुम कभी मुझे भिगो सकती हो,
कुछ दिन अवकाश रखो,
एक अवसर दो मुझको,
शायद कान्हा की स्मृतियों में,
मेरी ममता आ जाये,
राधा का निश्छल प्रेम दिख जाये,
बाबा नंद की चिन्तायें आ जायें,
खिंचा-खिंचा कान्हा गोकुल आ जाये।

यशोदा को याद आ गया,
नन्हा कान्हा छुप कर मिट्टी खाता था,
पकड़े जाने पर मासूम सा दिखाता था,
अपनी तोलती भाषा में कुछ बतलाता था,
यशोदा को समझ न आता था;

एक दिन माँ ने डाँट कर कहा,
मुँह खोल कर दिखलाओ,
कान्हा ने अपना नन्हा सा मुँह खोला,
पर यह क्या?
स्तब्ध रह गयी माँ,
उसमें सम्पूर्ण ब्रह्माण्ड जो दृष्टि आया,
समस्त देव-दानव,जीव चराचर,समस्त नक्षत्र,
तारा मंडल,ग्रह-पिण्ड,सर्जन-कर्ता,विनाश-कर्ता,
अग्नि,वायु,आकाश,काल,महाकाल,
सभी हो रहे समाहित थे।
 नतमस्तक हो गयी माँ,
रहस्य समझ न पाई,
पर ज्ञात हो गया उसको,
यह बालक सामान्य नहीं,
साक्षात परब्रह्म दिखता है,
परमभाग्य है मेरा,
मेरी गोद में रहता है।

रो रही माँ बार बार याद कर,
कान्हा जब आकर कहता था,
क्या तुम मेरी माँ नहीं हो,
बाबा नंद मेरे पिता नहीं हैं?
दाऊ मुझे बहुत खिझाते हैं,
उनके साथी भी मुझे बहुत चिढ़ाते है,

तरह तरह की बात सुनाते हैं,
कहते हैं मैं दूर कहीं से आया हूँ,
कोई मुझको ले कर आया है,
सब गोरे हैं मैं काला हूँ;
तब मैं कहती तू ही मेरा असली बेटा है,
काल,महाकाल जीत कर आया है,
शनि को अपना भक्त बनाया है,
इसी लिये हो गया काला है,
स्वच्छ दिल वाला है।

गोपियाँ अक्सर आकर कहती थीं,
माँ! कब बुलवाओगी अपना कान्हा,
कान्हा के बिन जीवन सूना-सूना है,
ख़ाली-ख़ाली लगता हर कोना है,
रो रही गायें,उनके बछड़े,
रोते बृक्ष,लतायें भी रोती हैं,
कालिन्दी का जल भी रोता है,
कदम्ब बृक्षों पर फूल नहीं आते हैं,
प्रसन्नता के भाव उड़े जाते हैं;
बिन केशव कैसे रास रचायें,
बिन कान्हा कैसे तीज़-त्योहार मनायें;
सुन उनकी बातें यशोदा,
हिल जाती थी,
देख उनकी हालत वह अवाक रह जाती थी,

दु:ख में डूबी स्वंय बोल न पाती थी;
द्विगुणित हो जाती थी उनकी पीड़ा,
गोपियाँ पास उनके जब आती थीं।

एक बार उद्धव गोकुल आये,
श्रीकृष्ण का कुछ संदेश-समाचार लाये,
बुला गोपियों को एक सभा की,
उनसे कुछ मंत्रणा की,
श्रीकृष्ण का समाचार सुनाया,
निराकार ईश का रूप बताया,
गोपियाँ हो गयीं खिन्न उद्धव पर,
यदि केशव को नहीं आना था,
क्यों एक विदूषक भेजा है?
कृष्ण ने क्या समझा है,
क्या गोपियों का निश्छल प्रेम निरर्थक झूठा है?
उद्धव ने राधा का अति सम्मान किया,
तरह-तरह से उसका बहु मनुहार किया,
किसी तरह मान गयी राधा,
अन्य गोपियों ने उद्धव का बहिष्कार किया;
राधा ने कहा,गोकुल के कण-कण में केशव बसते हैं,
पशु-पक्षी,बृक्ष-लतायें भी कृष्ण से अतिशय प्रेम करते हैं;
साकार कृष्ण के बिना भी मैं जी लूँगी,
पर मेरे बिना,क्या कृष्ण जी पायेंगे,
मैं तो उनकी साँसों में बसती हूँ,

जाकर उनसे कह देना,
यदि केशव यहाँ नहीं आयेंगे,
मूर्ति रूप में ही मेरा साथ निभायेंगे।
उद्धव जब पास यशोद के आये,
उन्हें माखन-मिश्री की थाल लिये पाये,
ले चरण-रज़ माथे उन्होंने संदेश सुनाया,
कान्हा नहीं आ पायेगा,उद्धव ने बतलाया,
उसी क्षण टूट गयीं यशोदा,
ब्रहमान्ड घूमता दृष्टि आया।

यशोदा माँ के दो बेटे थे,
दोनों चले गये,
ज्ञात नहीं किस देश गये,किस ओर गये,
अब रहा नहीं कोई आगे,
बचा नहीं अब कोई पीछे,
अब आस करें किससे,
अब चिन्ता हो किसकी,
जब कोई बची नहीं कहने को भी संतति अपनी;
जब दु:ख की सीमायें नभ को छू लेती हैं,
अनुभूति दर्द की मिट जाती है,
दर्द ही दर्द की औषधि बन जाती है,
यशोदा भी धीरे-धीरे उसी ओर बढ़ रही थी,
जीवन से जग से रुचि खो रही थी,

बाबा नंद भी अधिकतम समय,
साधु-संगत में जाते थे,
कार्य व्यापार में अरूचि दिखाते थे।

कुछ काल और बीता यूँ ही,
अचानक एक पर्वत टूट पड़ा,
राधा नो अपना पति खोया,
हो गयी पति-विहीन विधवा;
लोगों ने सोचा,
स्यात् जीवन से विरक्त हो जायेगी,
अपने एकाकीपन की सुध पायेगी,
पर हो गयी और भी बावली,
कर पूर्ण साज-श्रृंगार,
 कृष्ण के दीवाने-पन में खोई रहती थी,
घूम-घूम कृष्ण-कृष्ण ही रटती थी;
गाँव वालों ने देखा विचित्र परिवर्तन,
यशोदा ने बन्द कर दिया सजाना माखन-मिश्री की थाली,
रहने लगी अनमनक्त,विरक्त और ख़ाली;
राधा ने ऐसा रूप सजाया,
जैसे हो नई-नई ब्याहता;
लगता दोनों अपना दु:ख-दर्द थीं भूल गयीं,
पर ज्ञात किसे दोनों ही डूबीं थीं,
दु:ख के सागर में।

एक दिन गाँव में साधु-संतों की टोली आयी,
नंद बाबा के घर रात बितायी,
देर रात तक चलता रहा,
भजन-कीर्तन और प्रवचन,
सबने किया ईश का ध्यान,मनन,
गाँव वालों ने सोचा,
नंद-यशोदा को मिलेगी जीने की आशा,
दूर हटेगी उनके मन में छाई घोर निराशा।
अगले दिन देर दोपहर,
राधा,नंद-यशोदा से मिलने आई,
शांत मिलेंगे दोनों,ऐसी उम्मीद लगाई।
पर यह क्या,
सारा घर ख़ाली था,
पता नहीं था नंद-यशोदा का;
ग्राम-वासियों को पता नहीं,
कहाँ चले गये वे दोनों।

चतुर्थ सर्ग

कृष्णा

अंतहीन हिमशिला पर चलते-चलते,
मुक्तिमार्ग पर आगे बढ़ते-बढ़ते,
पाँच-पाँच पतियों के साथ राह में थी,
फिर भी उसे एकाकीपन की अनुभूति हो रही थी,
दाँयें-बायें,आगे-पीछे,ऊपर-नीचे,
हिम ही हिम था,
गगन से झर रहा हिम था,
निस्तब्ध वातावरण था,
पदचाप भी पड़ता नहीं सुनाई था,
शीतलता थी अति कठिन,
माँस-मज्जा,अस्थि तक चुभन थी,
पदत्राण नहीं थे पैरों में,
यथायोग्य वस्त्र नहीं थे तन पर,
भोजन मिला नहीं था कई दिनों से,
साहस साथ नहीं दे रहा था,
तन में शक्ति नहीं थी,
युधिष्ठिर पीछे देख नहीं रहे थे,
बस आगे ही आगे बढ़ते जाते थे,
चारों भाई चुपचाप अनुगमन कर रहे थे,
कोई बात नहीं करता,
कोई सहायता को नहीं उद्धत,

कभी-कभी भीम पीछे मुड़ कर देख लेते थे,
बाक़ी तीनों भाई और पाँचाली आ रहे हैं,
असहनीय दर्द हो रहा था,
द्रुपद-सुता के पैरों में,तन में,
अनुभूति हो रही थी,
अन्त आ रहा निकट है,
साँसों का तार टूट सकता है,
किसी भी पल;
पुकार लगायी उसने श्रीकृष्ण की,
नहीं मिला कोई उत्तर,
नहीं दिखे कहीं बंशीधर,
स्मरण हो गया उसे,
परलोक जा चुका सखा है,
बचा नहीं कोई धरा पर,
यदि वह होता,
यह हिमशिला मार्ग न होता,
यह अंतिम प्रयाण न होता,
लगी दौड़ने स्मृतियाँ उसकी,
काल-खण्ड में पीछे-पीछे,
छोड़ चुकी थी जो वह अनंत अँधियारे में।

उसे याद आगयी वह घूतसभा,
जब हो गयी नितान्त अकेली थी,

पतियों के झुके हुये निष्क्रिय शीश,
व संज्ञाहीन वयोवृद्धों से भरी राजसभा में,
दुर्योधन ने हर विधि दुर्व्यहार किया,
कर्ण ने वेश्या कह मात्र उसका ही नहीं,
समस्त नारी जाति का अपमान किया,
पराकाष्ठा कर दी दुशासन ने,
उसे निर्वस्त्र करने का प्रयास किया,
भीष्म,द्रोण जैसे युगपुरुष भी कापुरुष,
बन देखते रहे हर कुकर्म,
मात्र धर्मात्मा विदुर ने आवाज़ उठायी,
पर अंधे धृतराष्ट्र और मूक-बधिर,
अंधी गाँधारी ने बाँध ली चुप्पी;
बचा न कोई मेरी पुकार सुनने वाला,
रहा न कोई जो मेरा सम्मान बचाये,
लगने लगा आज मात्र मैं नहीं,
समस्त माँ,भगिनी,भार्या नाम से सम्बोधित,
जाति की मिट जायेगी परिभाषा,
अचानक दिखा,
मेरे वस्त्र अंतहीन हो रहे,
दुशासन जितना भी खींचता मेरा अंग-वस्त्र,
उतना ही अधिक वस्त्र निकलता मेरे तन से,
ठेर पर ठेर लगता रहा,
नहीं कर सका मुझे निर्वस्त्र,
वह नीच,दुष्ट दुशासन;

मैं समझ गयी मेरा सखा हो अदृश्य भले ही,
कर रहा था रक्षा मेरी स्मिता की,
वही केशव छोड़ गया निस्सहाय मुझे,
इस हिमशिला पर चलने को,
अनंत मार्ग पर प्रयाण करने को,
महाकाल ही मुक्त मुझे कर पायेगा,
इस पीड़ा से,
इस अंतहीन यात्रा से,
आज भी भूल नहीं पाती हूँ,
वे मेरे अनुत्तरित प्रश्न,
उस द्यूत-सभा के,
जो स्वंय को भी हार चुके हों,
क्या अधिकार उन्हें?
किसी और को दाव लगाना,
क्या नारी कोई सम्पत्ति है,
जिसे द्यूतक्रीड़ा में पासों के साथ जोड़ना?

वन-प्रवास के वे दिन कितने दुष्कर थे,
पाँच पतियों की सेवा करती रहती थी,
पति भटकते थे जंगल-जंगल,
वह कुटिया में नितांत अकेली रहती थी,
गृहकार्य पूरा करती थी,
संस्कार निभाती थी,

अतिथि कोई आये,सम्मान बढ़ाती थी,
दुष्ट दुर्योधन की कुदृष्टि यहाँ भी रहती थी,
भेज दिया ऋषि दुर्वासा को संग अन्य ऋषियों के,
ऐसे समय जब वह भोजन समाप्त कर चुकी हो;
देव सविता ने दिया उसे था एक अक्षय पात्र,
कितना भी भोजन वह दे सकता था,
जब तक पाँचाली ने किया न हो भोजन,
जब तक वह पात्र हुआ न हो पूर्ण रिक्त,
देख ऋषियों को वह किंकर्तव्यविहीन हो गयी थी,
पर स्मरण आ गये श्रीकृष्ण,
देखा पुन: अक्षय पात्र,
उसमें चावल का एक कण बाक़ी था,
हो गया निदान समस्या का,
ऋषियों को सन्तुष्ट किया भरपेट,
सुमधुर,स्वादिष्ट भोजन से,
दे आशीष प्रयाण कर गये ऋषि,
हो गयी रक्षा उनके क्रोध,अभिशाप से,
अदृश्य हाथ नहीं होता यदि श्रीकृष्ण का,
अनर्थ हो जाता उस दिन।

स्मरण आरहा था उसे,
महाभारत समर का वह अशुभ दिन,
वह दिन जो अंतिम रात्रि से आया,

जब प्रात: उसका विजयी भ्राता,

मरा पड़ा था अपने पाँच भांजों के साथ;

अठारहवें दिन अंत हो चुका था महासमर,

विजयश्री प्राप्त हो चुकी थी पांडवों को,

कितने प्रसन्न थे सब,

जैसे महाप्रलय शांत कर आये हों,

आमोद-प्रमोद होता रहा देर रात तक,

ख़ुशी-ख़ुशी चले गये थे सब अपने-अपने खेमों में,

श्रीकृष्ण ने चेतावनी दी थी,

सावधान रहने की,

पर सो गये सभी नींद में गहरी,

आशा नहीं किसी ने की थी,

गुरुपुत्र अश्वस्थामा नरपिशाच निकलेगा,

कृपाचार्य,कृतवर्मा को बना प्रहरी,

उस राक्षस ने समस्त सोये हुये वीरों पर,

कर नृशंस प्रहार संहार कर दिया उनका,

वध कर दिया दृष्टद्युम्न का,

द्रोपदी के पाँचो पुत्रों का,

समाचार पा टूट गयी पाँचाली,

पिता जा चुके थे बारहवें दिन ही,

भाई भी चला गया जिसने विजय दिलाई,

कहने को सन्तान भी बची न कोई;

द्रोपदी ने हठ कर लिया अश्वस्थामा वध को,

दिला सके जो कुछ सान्त्वना उसको,

गुरुपुत्र छिपा हुआ था ऋषि व्यास के आश्रम में,
चल पड़े अर्जुन खोज में उसकी,
देख अर्जुन को घबराया,
चला दिया ब्रम्हास्त्र उनपर,
प्रत्युत्तर दिया अर्जुन ने भी उसी अस्त्र से,
ऋषिवर मध्य में आये,
दोनों को समझाये,
अर्जुन ने लौटा लिया अपना अस्त्र,
पर पापी अश्वस्थामा ऐसा कर न पाया,
चला दिया अस्त्र अपना उत्तरा गर्भ पर;
श्रीकृष्ण के परामर्श पर,
किया मणिविहीन उसको,
अजन्मे शिशु के वध का प्रयास करने को,
अपने पापों का प्रायश्चित करने को;
श्राप दिया चक्रधर ने उसको
अनंतकाल तक यातना सहने की;
श्रीकृष्ण ने बचा लिया गर्भ उत्तरा का,
बच गये पांडव वंशहीन होने से,
श्रीकृष्ण के श्राप से कौन बचा पायेगा,
गुरुपुत्र अश्वस्थामा को?
द्रोपदी के मानस में दया उमड़ आई,
सखा से कह क्षमा दिला सकती थी,
अब भी प्रयास कर सकती हूँ,
मेरा कहा नहीं टालेंगे वह,
पर याद आ गया सखा रहे नहीं,

अब क्या होगा?
गुरुपुत्र अनंत काल तक तड़पता रहेगा,
बार-बार यही विचार कौंध रहा था,
संदेह नहीं अश्वस्थामा का अपराध अक्षम्य था,
पर स्यात वह भी क्रोध में था,
अपने पिता के अनैतिक वध से,
मेरे आग्रह पर श्रीकृष्ण उस अंतहीन यातना को,
निश्चित अवधि का कर सकते थे,
पर उस समय मुझे भी क्षोभ था,
उसके जघन्य अमानुषिक कर्म पर,
श्रीकृष्ण जा चुके अनंत पथ पर,
मैं भी मुक्त कुछ क्षण में हो जाऊँगी,
पर हाय,गुरुपुत्र न मुक्त हो पायेगा,
अब युग द्वापर समाप्त हो जायेगा,
कलियुग में वह और भी कष्ट पायेगा।

अग्निसम्भवा थी याज्ञसेनी,
लिये साथ भ्राता दृष्टद्युम्न को,
पुत्रकामेष्टी यज्ञ की ज्वाला से उपजी,
पिता पाँचाल नरेश ने जो की थी,
सहपाठी द्रोण विनाश के लिये,

पिता ने निश्चय किया था,
मिले जामातृ ऐसा जो कर सके सहायता,
द्रोण विनाश में,
हो धनुर्धर अप्रतिमेय,
द्रोपदी स्वंयवर में लक्ष्य था ऐसा,
वेध कर सकता था कोई अद्वितीय धनुर्धर ही,
देश,देशान्तर से थे राजे,राजकुमार,योद्धा,
वनवासी,विप्र गण आये,
लिये इच्छा कृष्णा-वरण की,
पर देख लक्ष्य घबराये,
उठा कर्ण लक्ष्य-वेध करने,
भा गया पाँचाली को वह प्रथम दृष्टि में,
पर परिचय आ गया आड़े हाथों,
लौट गया वह लक्ष्य से,
अन्तत: एक विप्र संन्यासी आगे आया,
कर दिया लक्ष्य-वेध,
हो गया वरण द्रोपदी का उससे,
पर उसके पश्चात जो कुछ हुआ,
द्रुपद के लक्ष्य-वेध से भी कठिन था,
द्रोपदी ने दी जीवनभर अग्निपरीक्षा,
माना आज्ञा कुन्ती की हर सीमा से आगे,
लोक-लाज,स्वेच्छा त्यागे,
हर पांडव की अन्य भी पत्लियाँ थीं,
पर उसने ही हर दुख में साथ दिया,
भटकी कानन-कानन,अरण्य-अरण्य,

व्यक्त नहीं किया क्लेश कभी,
धर्म निभाया,कर्म निभाया,
जो भी अवसर आया,
रही अडिग हिमालय सी,
आज उसी हिमालय की राह में,
शीत-परीक्षा देनी है,
अंतिम परीक्षा देनी है;
सोचने लगी पाँचाली,
मुझे सांत्वना दी थी श्रीकृष्ण ने,
कह कर पूर्व जन्म के पाँच वर,
जो महादेव से मैंने माँगे थे,
ज्ञात नहीं मुझे पूर्व जन्म,
पर निश्चित इस जन्म में,
अभिशाप मिला अग्निदेव का,
जन्म मिला उनकी ज्वाला से,
जलती रही जीवन भर ज्वाला में,
ज्वाला शांत हुयी हिम शिला पर,
अब शांत मुझे भी होना है।

अब भी है क्रोध मुझे,
दुर्योधन पर,दुशासन पर,
जो भूल गये थे नारी की गरिमा,

कर्ण ने साथ दिया था दुर्योधन का,
कलिंग-कन्या भानुमती के अपहरण में,
माना नहीं वह द्यूत सभा में भी,
अपमान किया मेरा,
मैंने पितामह का सदैव सम्मान किया,
पर वह भी बने रहे मूक दर्शक,
लगता है कुरुवंश की परम्परा रही है,
नारी को वस्तु समझना,
उसका अनायास अपमान करना,
अर्जुन ने वरण किया था मेरा,
मैंने सदैव उसे चाहा सर्वाधिक,
पर वह रुचि रखता रहा अन्य पत्नियों में,
भीम ने सर्वोपरि मेरा ध्यान रखा,
जब भी कष्ट मे मैं आयी,
जब भी मैंने व्यक्त की कोई इच्छा,
यदि कोई चाहत शेष है धरती पर,
वस केवल उसकी ही;
इस हिम शिला पर और न चल पाऊँगी,
इस तन का बोझ नहीं वहन कर पाऊँगी,
करती हूँ अंतिम प्रणाम,
सभी स्वजनों को,
सभी पतियों को,
इस पुण्यमयी धरती को,
हो देवाधिदेव महादेव आपको,

हे देवों के देव,यदि सम्भव हो,
मुझे पुनर्जन्म न देना,
यदि देना पड़े पुनर्जन्म,
फिर मुझे कुरुवंश न देना,
कोई सामान्य,सम्भ्रान्त परिवार ही देना,
और भीम को अग्रज रूप में देना,
अन्य किसी सम्बंधी का साथ न देना;
किसी तरह बढ़ाया अगला क़दम द्रोपदी ने,
पर गिर पड़ी हिमशिला पर,
रुका नहीं कोई पांडव पति,
मात्र भीम ने उसे सहारा देना चाहा,
पर उठ सकी नहीं वह,
कर गयी प्रयाण अनंत को,
लिये पीड़ा अनंत स्मृतियों की।

पंचम सर्ग

देवकी

कुछ दिन पहले ही पुत्र ने मना किया,
माखन,मिश्री खाने को,
छोड़ दिया सम्मुख परसी थाली,
माँ यशोदा को भूल न जाने को;
देवकी रो पड़ी अपनी बिखरी ममता पर,
पुत्र की व्याकुलता पर,
कैसे भूलेगा वह,
जिस माँ ने उसको जीवन दान दिया,
मिला नहीं जिसे असली माँ का आँचल,
उसके लालन-पालन में यशोदा ने,
सर्वस्व बलिदान किया;
निःसंदेह जना था देवकी ने,
पर देख नहीं पाई नवजात शिशु को,
जो चला गया दूर कहीं गोकुल में।
यशोदा ने तो इतना ही जाना,
कान्हा उनका बेटा है,
साक्षात ब्रह्म सा उनके आँचल में लेटा है,
लाड़-दुलार किया,हर पल मनुहार किया,
चुरा-चुरा माखन कान्हा नें गोकुल की गलियों में,
अधम राक्षसों का संहार किया;
जब गोकुल छोड़ चला मथुरा को अक्रूर संग,
माँ यशोदा का हृदय चूर-चूर हुआ,

सान्त्वना देने को,अपना विश्वास दिलाने को,
कर गया वादा माँ से,
लौटूँगा माँ ! तेरे ही हाथों माखन-मिश्री खाने को,
पर अफ़सोस नहीं लौटा वह।

देवकी को याद नहीं कब,
पिछली बार मिली थी उस ममता की मूरत से,
जिसने कान्हा को पाला था,
पोसा था,अनुपम रूप दिया था,
पर साक्षात देख रही थी,
पुत्र को प्रभास क्षेत्र जाते,
तात-जननी का चरण रज ले शीश नवाते,
पर चौंक गयी थी माँ,
पुत्र ने नहीं देखा पलट कर मातृ सदन,
इस बार अपनी यात्रा पर जाते;
माँ सोच रही थी,
पुत्र यूँ ही यात्रा करता रहता है,
देश-देशान्तर भटकता रहता है,
इस बार दूर नहीं था जाना,
भूल गया होगा पलट कर हाथ हिलाना।

पर अगले दिन समाचार जो आया,
टूट गया सुन अम्बर भी,

स्तब्ध रह गई द्वारका,
जो हुआ नहीं कुरुक्षेत्र में,
प्रभास क्षेत्र ने कर दिखलाया;
बचे नहीं दाऊ,बचे नहीं श्रीकृष्ण,
नहीं एक भी यादव योद्धा,
हिरण-कपिला संगम पर जीवित बच पाया,
हो चुका था सर्वनाश यदुवंश का,
गांधारी श्राप ने था रंग दिंखलाया।

देवकी चित्कार कर उठी,
पर कंठ से स्वर निकल नहीं पाया,
समझ में आ गया श्रीकृष्ण ने क्यों ,
पलट कर हाथ नहीं था हिलाया?
क्रंदन ही क्रंदन था,
भाग्य में वासुदेव-देवकी के,
होकर माँ आठ-आठ संतानों की,
एक भी नहीं गोद में खिलाया,
मात्र सुना था स्वर,
संतानों के मृत्यु रुदन का,
जो कंस के हाथों उन सबने था पाया।
एक बच गया जा गोकुल में,
देवकी देख नहीं पायी उसका शैशव,
नहीं किलकारी,नहीं कल्लोल रुदन था सुन पाया,

जब पास मिला वह,
राजतन्त्र में फँसा एक किशोर पुत्र था आया,
माँ यशोदा के आँचल में लिपटा,
वह अब भी था,
गोकुल की गलियों की गंध लिये था;
संतोष उन्हें था एक पुत्र बच गया,
मुक्त किया कारागृह से,
जिसने ज्ञान,धर्म,कर्म का मार्ग दिखाया,
जो जगतगुरु कहलाया।

देवकी आज बेसुध थीं,
कहाँ बिदा देता वह माँ-बाप को,
स्वंय विगत हो गया,
मृत शरीर भी नहीं दर्शाया,
ऐसा प्रारब्ध,ऐसी नियति नहीं किसी माँ ने पाया,
पुत्रवती होकर पुत्र हीन रहीं,
पुत्र का कंधा,
पुत्र से अंतिम संस्कार भी नहीं मिल पाया।

त्याग दिया था उस नन्हें शिशु को,
क्रूर कंस के हाथों से बच जाये,
माँ ने रखा सीने पर पर्वत,
उनकी अंतिम संतति जीवित रह जाये;

कितना रोती थी वह माता,
मथुरा के कारागारों में,
सुन-सुन कर कान्हा की क्रीड़ायें,
गोकुल की गलियों में,बाग़ानों में,
पूतना से लेकर तृणावर्त तक,
सबका संहार किया,
उसके पुत्र के नन्हें हाथों ने,
नल-कूबर का उद्धार किया,
बृक्ष बने खड़े थे आँगन में।

आज समझ में आता है,
देवकी की तिल-तिल जलती ममता से,
जो उसने मथुरा के कारागृह में थी पायी,
श्याम हो गयी यमुना,
कृष्णप्रिया ढोती है खारा जल,
हो प्लावित आँसुओं की धाराओं से,
जो निकले गोपियों के नैनों से,
राधा ने देखा हर कण में कान्हा को,
मयूरपंख हर पर्ण-पंखुड़ी में,
और देवकी देखती रही उसे ब्रह्मांड की निर्विकार सत्ता में;
वही हो गया स्वंय निर्विकार था।
एक बार देवकी ने सुना था किसी मुख से,
श्रीकृष्ण ने कहा था अर्जुन से,

"मैं अनादि हूँ,अजन्मा हूँ,जन्म-मृत्यु से परे हूँ,
निर्विकार भाव से सभी जीवों में व्याप्त हूँ,
फिर भी समय समय पर मनुष्य रूप में आता हूँ"।
देवकी को लगा वही ब्रह्मांड-स्वामी,
उसके पुत्र रूप में आया था,
निर्विकार ब्रह्म ने साकार रूप अपनाया था,
पर देवकी असमंजस में थी,
जो मृत्यु से परे था,कैसे मृत हो गया?

वह सोचने लगी,
नन्हें कान्हां ने अपने छोटे से मुँह में,
बसु,मरुत,यम,देवगण,तीनों लोक,
समस्त चराचर जगत तथा समस्त ब्रह्मांड,
यशोदा को दिखलाया था,
वही कान्हा,केशव,श्रीकृष्ण कैसे खो गया ब्रह्मांड में,
क्यों चला गया ऐसे ही,
क्यों नहीं मुझे सच बतलाया;
जब आया था माँ का हक़ नहीं मिला ,
जाते जाते भी नकार गया उसके माँ के हक़ को।
 यह कैसा भाग्य है,कैसी विडम्बना,
जो ब्रह्मांड का नियंता उसके गर्भ से आया,
यह कैसा दुर्भाग्य है,
वह कभी इस माँ के आँचल में नहीं समाया;

छीन चला माँ-बाप का अंतिम अधिकार भी,
अंतिम-संस्कार का,
जो पुत्र के हाथों ही होता है,
पुत्र के हाथों ही शुभ है।

उस आकाशवाणी ने भाग्य बदल डाला,
भाई ले जा रहा था मुझे बसुदेव के साथ,
आशंकित हो गया भ्राता,
कि मेरा आठवाँ बेटा होगा हंता उनका,
भाई रहे होश में कि भय केवल आठवें से है,
पर क्रूर कुटिल नारद ने आकर खेल बिगाड़ा,
परिणाम,
हम हो गये बन्दी मथुरा के कारागृह में,
मारने लगा कंस हर शिशु को,
अमानवीय,क्रूर मृत्यु नवजात बच्चे की,
चित्कार करता रहा हृदय देवकी का,
पर असहाय भोगती रही रौरव की पीड़ा,
वही आठवाँ बच्चा युगपुरुष कहलाया,
युगपुरुष ने माँ को झुठलाया।
टूट गई जननी इस अंतिम प्रहार से,
बचा नहीं कुछ भी जीने को इस धरती पर;
विलय हो गया था स्वामी अपनी परम सत्ता में।

दु:ख की दुर्गम घड़ियों में स्मृतियाँ ही आती हैं,
जो पल दो पल को ध्यान बँटाती हैं,
देवकी घिर गयी थी,
उनकी अंधड़,झंझावातों में,
तीव्र गति से आ रही थीं वे मानस में,
पर अफ़सोस,
हर स्मृति कष्ट द्विगुणित कर जाती ,
गहन वेदना से टूट रही थी वह,
पर स्मृतियों का ताँता लगा रहा,
याद आया जब देवकी ने सुना,
कान्हा कालिया दह में कूद गया,
उनकी साँसें रुक गयीं थीं,
मस्तिष्क विक्षिप्त सा हो गया,
पर जब समाचार मिला,
कान्हा ने कालिया मर्दन कर डाला है,
उनकी प्रसन्नता व्योम व्याप्त गयी।

था पुत्र प्रज्ञावान बहुत,
नारी मर्यादा का पोषक,
जब राजसूय यज्ञ में,
शिशुपाल ने था उसका अनवरत अपमान किया,
उसने निरन्तर क्षमादान दिया,
पर हर मर्यादा की सीमा होती है,
क्षमादान की भी सीमा होती है,'
हो गया विवश शिशुपाल का वध करने को,

पाँचाली ने अपनी चुनरी फाड़ उसे पट्टी बाँधी थी,
वह क़र्ज़ लिये था,
फ़र्ज़ लिये था;
घूत- सभा में जब द्रुपद-सुता असहाय हुयीं,
नेपथ्य में आकर क़र्ज़ उतारा था,
अनंत वस्त्र देकर,
नारी सम्मान बचाया था।
वही कृष्ण इस माँ को अन्तिम सम्मान न दे पाया,
तुलसी दल,गंगाजल का मुख-पान न दे पाया,
चला गया माँ-पिता को मुखाग्नि देने से पहले,
स्वंय अपने पुत्र के हाथों मुखाग्नि न ले पाया।

देवकी उद्विन बहुत थीं,
मथुरा वासियों की कृत्घनता पर,
श्रीकृष्ण ने था कंस की निरंकुशता से,
उनका उद्धार किया,
लोकतन्त्र,जनतन्त्र का निर्माण किया,
उग्रसेन को सम्राट बनाया,
हर मथुरावासी को वैभववान बनाया,
हर शत्रु से की रक्षा,
सदैव बढ़ाई उनकी प्रतिष्ठा,
रहा व्यस्त इतना,माँ यशोदा और राधा से,
कभी नहीं मिल पाया,
पर उनकी संसद ने उस पर,
तरह-तरह का आरोप लगाया,

जिस कारण मथुरा त्याग द्वारका आया;
स्यात् उसका ऐसा अंत न होता,
आज यदि वह मथुरा में होता।

देवकी को याद आ गया,
संदीपन गुरु आश्रम के शिव-मंदिर का नंदी,
बाहर की ओर टकटकी लगाये बैठा है,
कृष्ण के पुन: आने की प्रतिक्षा में,
पर हाय! वह अभागा यूँ ही,
अनंत काल तक प्रतिक्षा करता रह जायेगा,
नश्वर नहीं है,मुक्ति भी नहीं पायेगा।
तुरंत विचार कौंधा,
मैं तो नश्वर हूँ,
मुक्ति पा सकती हूँ,
श्रीकृष्ण को अनंत में पा सकती हूँ,
जब सत्ता अविनाशी की माँ हूँ,
शोक व्यर्थ करना है,
एक कार्य ही करना है,
पति के साथ,
अनंत पथ पर चलना है।

देवकी के मानस से हट गया अंधेरा था,
 अन्तर्मन में हो गया सबेरा था,

अब अर्थ नहीं जीने का,
व्यर्थ समय गँवाना है,
जो भी कंधा मिल जाये,
उस पर ही चढ़ कर जाना है,
यदि नहीं मिले कोई,
सागर की लहरों में खो जाना है;
हे कृष्ण ! यदि फिर जन्म मिले कोई,
हो तेरा मेरा नाता,
चाह यही,पुत्र रूप में फिर आना,
पर ऐसा दुर्भाग्य न देना,
ऐसा बोझिल इतिहास न दुहराना।

षष्टम सर्ग

कर्ण

बिंधा हुआ अर्जुन के तीरों से,
असह्य वेदना से व्याकुल,
रक्त-रंजित,सना हुआ कीचड़ से
पड़ा हुआ दलदल में,
वह महावीर,महादानी कर्ण!
सोच रहा था,
क्या नियति मिली मुझको?
जो महावीर अनुज मेरा कहलाता,
आज उसी के हाथों,
इस दुर्गति में मैं आया हूँ,
सब कुछ हो कर भी,
रहा एक अकिंचन सा जग में,
जा रहा हूँ एक अकिंचन सा जग से।
जीवन भर ढूँढता रहा जिस जननी को,
जो बता सके स्मिता मेरी,
आई देने परिचय अपना,
देने मुझको मेरा परिचय,
उस रात्रि ,
जो बन गयी अंतिम रात्रि मेरे जीवन की,
हाय! वह माँ नहीं,
वह मृत्यु बन कर आई,
अच्छा होता,
सूतपुत्र रूप में ही चला गया होता,

क्लेश न होता मन में,
कोई क्षोभ न होता मृत्यु-पल में,
जो परिचय मिला मुझे दुर्योधन से,
वह परिचय क्या कम था,
परिचय साथ वही मेरे जाता,
पांडव थे बैरी ,
बैर लीये ही मैं जाता,
पर प्रारब्ध ने किया क्या?
मुझे दे दिया कष्ट ऐसा,
जो सूतपुत्र की संज्ञा से भी मिला नहीं मुझको।

मेरा पूरा जीवन बीत गया,
बोझ उठाये उपकारों का,
कभी दुर्योधन के,
कभी उस महात्मा द्वय का,
जिन्होंने सदैव अपना पुत्र ही समझा मुझको,
बड़े भाग्य मेरे,
मिले मुझे अधिरथ और राधा,
जिनके स्नेह-सिक्त वात्सल्य ने,
मुझे सँवारा,मुझे निखारा,
रूप दिया इस जग में,
पहचान दिया मुझको,

वसुसेन,कर्ण बनाया,
बनने नहीं दिया सारथी स्वंय जैसा।
मुझमें में हर गुण था,
कामना जिनकी कोई भी राजपुरुष कर सकता,
बचपन से ही मुझमें क्षत्रिय गुण था आया,
राजकर्म,राजधर्म मेरे रक्त में था समाया,
पिता भुवन-भास्कर ने वरदान दिया था,
महावीर के साथ-साथ महादानी बनने का,
धराधाम पर एक अलग पहचान बनाने का,
प्रतिदिन स्नानोपरान्त जब मैं अर्घ्य देता,
ले गंगा जल अंजुलि में,
देव सविता भर देते उसको स्वर्ण से,
बाँट देता मैं जो भी याचक सम्मुख आता,
नहीं कृपणता की मैंने अपना धर्म निभाने में,
नहीं कभी मोह दिखाया स्वर्ण लुटानें में,
नहीं कभी लौटाया कोई भी याचक,
रिक्त-हस्त,
देव हो या नर,
जो भी सम्मुख मेरे आया;
बहुधा थे वास्तविक,
जिन्हें थी आवश्यकता मेरी भिक्षा की,
कुछ ऐसे भी आते छद्म-वेश बनाये,
लेने परीक्षा मेरी,
या देने अनंत कष्ट मुझको,

पहचान गया था मैं,
जब कुटिल देवराज इन्द्र थे आये,
याचक का छद्मवेश बनाये,
फिर भी नहीं लौटाया मैंने उनको रिक्तहस्त,
जो थे मेरे अंग,मेरे जीवन-धन,
मेरे प्राण-पखेरू माँगने आये।

गुरु परशुराम को मैंने दिया था,
छद्म-परिचय अपना,
विवशता थी मेरी,
ठुकरा दिया था गुरु द्रोण ने मुझको,
राजकुमार नहीं हूँ दे परिचय मेरा,
भूल गये थे ब्राह्मण का धर्म नहीं भेद-भाव करना,
गुरु तो ब्रह्म-रूप है,
गंगाजल सा निर्मल भेद रहित;
गुरु परशुराम ने भी शिक्षा दी थी,
गंगापुत्र भीष्म को जो थे क्षत्रिय,
विचार हो गया था परिवर्तित उनका,
न जाने क्यों,
क्षत्रिय वैर आ गया था उनके मन में,
तब तक था ज्ञात नहीं मुझको,
कुन्ती मेरी माँ हैं,
 पिता सूर्य देव तो परम देव हैं,

मानव धर्म से परे,
सभी जाति-धर्म समाहित उनमें,
और पालक पिता निश्चित क्षत्रिय नहीं थे;
ऋणी हूँ मैं गुरु का,
मुझे अतिशय स्नेह दिया,
बना योग्य धनुर्धर,
हर विद्या का ज्ञान दिया,
ब्रम्हास्त्र दिया,नागास्त्र दिया,
प्रत्येक दिव्यास्त्र दिया;
दीक्षान्त स्वरूप मुझे श्राप दिया,
जिस कारण हुयी आज यह गति मेरी,
गुरु थे त्रिकालज्ञानी,
 देख लिया होगा अन्त मेरा,
वह तो हैं अमर,
उनसे पुन: न मिल पाऊँगा,
पर अंतिम प्रणाम करते-करते,
यही अनुरोध दुहराऊँगा,
पुनर्जन्म यदि मैं पाऊँ,
गुरु रूप में आपको ही पाऊँ।

ऋणी था मैं दुर्योधन का,
जिसने मुझको राजपुरुष की पहचान दिया था,
मेरी स्मिता को एक नाम दिया था,
जो मुझे मेरी जननी नहीं थी दे पायी;

जब उपहास कर रहे थे लोग,

जन से भरे हुये रंगभूमि में,

अस्त्र-शस्त्र के क्रीणांगण में,

दुर्योधन जो लगता नहीं था कोई मेरा,

झपट उस क्रीणांगण में आया,

दे एक नया परिचय,

मुझे अंगराज बनाया,

देख रही थी मेरी जननी,

उपहास अपने ही ज्येष्ठ पुत्र का,

यदि साहस कर बढ़ आती तनिक आगे,

मिथ्या लोक लाज त्यागे,

मैं भी आज कौन्तेय कहलाता,

निज अनुज के हाथों यूँ मृत्यु-मुख में न जाता,

पर हाय! विडम्बना इस कुल की,

जो मत्स्यगंधा के अवैध सम्बंधों को पाल-पोस कर,

महारानी सत्यवती बन आयी,

उसी कुल की पौत्र-वधू अपने पुत्र का,

परिचय न दे पायी,

अवैध सम्बंधों की संतानों ने ही,

इतिहास रचा इस कुरु वंश का।

वेदव्यास कौन थे ?

क्या ज्ञात नहीं जग को,

उन्हीं से उपजे,

धृतराष्ट्र,पांडु और विदुर थे,

भीष्म ने किया क्या था,
नृप-बालाओं का अपहरण,
उनका शोषण और फिर,
इच्छारहित वरण किसी अन्य से,
जो बहुधा था उनके योग्य नहीं,
क्या रही काल-खण्ड की मर्यादा?
कोई भी हो बीज दान करने वाला,
जिसने स्वीकार कर लिया,
वही होगया जनक पुत्रों का,
संतानों को मिला वही परिचय,
फिर क्यों मैं ही होगया,
 अपवाद इस सत्य का?

हे कृष्ण! तुम तो थे,
न्याय,धर्म के पालक,
ज्ञाता जो कुछ हुआ था,
जो हो रहा था और,
जो कुछ था गर्भ में भविष्य के;
फिर क्यों नहीं उबारा तुमने मुझको?
जो परिचय दिया मुझे तुमने,
मेरे अंतिम अध्याय में जीवन के,
यदि दे देते मुझको पहले,
आज मैं भी जीवित होता,
होता ज्येष्ठ भ्राता पांडु-पुत्रों का,

और,
युद्ध नहीं होता,
यह महासमर नहीं होता,
यह महाविनाश नहीं होता,
सरिता नहीं प्रवाहित होती,
मानव लहू की;
दुर्योधन में सब अवगुण थे,
पर था आश्वस्त केवल मैं ही,
साथ निभाऊँगा उसका,
मैं ही विजय दिलाऊँगा उसको,
पर हाय!
मेरा परिचय,आ गया आड़े मेरे,
दे दिया आश्वासन मैंने उस जननी को,
जिसने त्याग दिया था मुझको धराधाम पर आते ही,
पांडुपुत्रों में पार्थ के अतिरिक्त और नहीं शत्रु मेरा,
कल के निर्णायक युद्ध में,
चाहे मै बचूँ जीवित या बचे अर्जुन,
पांडव पाँच अवश्य बने रहेंगे,
पर था यह भी ज्ञात मुझे,
केशव के रहते पार्थ-रथ पर,
मैं जीत नहीं पाऊँगा उसको।

अब बचा नहीं कुछ,
खो चुका हूँ सब कुछ,
यही प्रार्थना अब मेरी,
हे श्रीकृष्ण, जहाँ कहीं भी हो तुम,
मेरी आर्त पुकार सुनो,
आजाओ पल भर को,
कर दो मुक्त मुझे,
इस जीवन से,इस जग से,
इस रक्त-रंजित तन से,
अंतिम श्वासों से,
तुमने ही मुझे मृत्यु-मार्ग दिया है,
कृपा करो इतनी,
अविलम्ब मुझे मृत्यु दे दो,
और मेरा परिचय,
भूल कर भी,
कौन्तेय न देना,
बस,
महावीर,महादानी कर्ण ही रहने देना,
वैसे सूत-पुत्र की संज्ञा भी अब अच्छी लगती है,
अंगराज कर्ण भी यथेष्ट है परिचय,
यदि माँ का परिचय देना ही हो,
मुझे राधेय की संज्ञा ही देना।

सप्तम सर्ग

श्रीकृष्ण

पीपल बृक्ष के नीचे बैठे,
हिरण-कपिला संगम तट पर,
सोच रहे थे;
दो प्रहर विलम्ब हो गया,
ज़रा नहीं आया अब तक,
प्रतिक्षा करनी होगी कब तक?
अचानक खो गये श्रीकृष्ण स्मृतियों के अम्बर में,
सम्पूर्ण भारत का इतिहास,
उभर आया मानस पटल पर,
गोकुल से मथुरा; मथुरा से रैवतक द्वारका,
हस्तिनापुर,इन्द्रप्रस्थ,मगध,प्रागज्योतिशपुर,विदर्भ,
खाण्डवप्रस्थ,धर्मक्षेत्र-कुरुक्षेत्र सभी थे पाँव तले,
पर इस प्रभासक्षेत्र ने स्तित्व मिटा डाला;
जीवनभर नारी की रक्षा की,
विदर्भ-नंदिनी या द्रूपद-सुता,कुब्जा दासी
या सत्यभामा या बाणासुर की बंदिनीयाँ,
सबका सम्मान बढ़ाया,
पर एक नारी ने मेरा सर्वस्व मिटाया,
जिसने स्वंय अपना वंश बचा न पाया।

श्रीकृष्ण को क्षोभ बहुत था गांधारी पर,
जिसने आँखों पर थी पट्टी बाँधी,
महत्वाकांक्षाओं की,

अंधे पति का देती रही साथ,
ख़ुद भी अंधी बन कर,
बिकी हुयी थी अपने दुष्ट पुत्र के हाथों,
नारी स्मिता मिटा कर,
राजमाता की गरिमा भुला कर;
जो स्वंय देखती रही पुत्रवधू को वस्त्रहीन होते,
अपने हीन पुत्र के हाथों,
जिसने हर अन्याय कराया राजभवन में,
पति की आज्ञा से,पुत्र के हठ से;
उसी संज्ञाहीन,मूल्य विहीन नारी ने,
अभिशाप दिया श्रीकृष्ण को,
यदुवंश विनाश का।

कुरुक्षेत्र था धर्मक्षेत्र,
युद्ध हुआ न्याय की रक्षा,धर्म की प्रतिष्ठा की ख़ातिर,
प्रभासक्षेत्र में जो हुआ,था अनर्गल,अर्थहीन,
देखते रहे श्रीकृष्ण मारते और मरते,
पुत्र के हाथों पिता को,
पिता के हाथों पुत्र को,
सात्यकी,कृतवर्मा,अक्रूर,उग्रसेन,
साम्ब,अनिरुद्ध,प्रदुम्न और सभी,
पुत्र,प्रपौत्र,सगे-सम्बन्धी,
मारे गये एक दूसरे के हाथों,

बचा नहीं कोई,अंतिम संस्कार करने को,
मृत आत्माओं को तर्पण देने को,
दाऊ ने पहचान लिया था दोष स्वंय का,
मदिरा-व्यसन का प्रेम अनूठा,
युवा यदुवंशियों को जिसने था लूटा,
सोमनाथ से आगे बढ़े नहीं वे,
ले ली जल समाधि सागर में,
पिनाकपाणि शिव की प्रार्थना करते-करते।

श्रीकृष्ण थे सामर्थ्यवान प्रबल,
निरस्त कर सकते थे गांधारी का अभिशाप,
पर जीवन-मूल्य आड़े हाथों आया,
नारी की प्रतिष्ठा रहे अक्षुण्ण,
यदुवंश का विनाश था अपनाया,
विनाश हो चुका था सब कुछ,
बचा नहीं था कुछ अब जीने को,
जा चुके थे सभी अस्त्र,शस्त्र,आभूषण,
प्रिय सुदर्शन भी चला गया,
मुक्ति-मार्ग था केवल प्रयाण जग से,
विलम्ब हो रहा था दुखदायी।

याद बहुत आयीं माँ यशोदा,
निभा न पाया वादा लौट आने का,
माँ के हाँथों माखन-मिश्री खाने का,

चिन्तित हो गये अच्युत,
हुआ क्या होगा उस दुंखिया माँ का,
उस पालक पुण्य-पिता का?
ईश कृपा हो वे बचे न हों,
मेरा दुखद समाचार पाने को,
तड़प-तड़प मर जाने को।
तभी आ गयी राधा स्मृति में,
तड़प उठे श्रीकृष्ण!
हाय मैंने क्या कर डाला,
इतने वर्ष बीत गये कभी समय नहीं निकाला,
उसके निच्छल अनंत प्रेम पर कितना डाका डाला,
कैसे होगी वह श्रीकृष्ण प्रेम में,
खोज रही मुझको कालिन्दी की जल-धारा में,
बछड़ों के रम्भाने में,
गायों के रोने में ;
अब मुझको मूल्य चुकाना होगा,
राधा की याद लिये जाना होगा;
गोकुल की अंतिम रात्रि जहाँ गिरे उसके आँसू,
मेरे पग पर,वहीं मुझे ज़रा-वाण खाना होगा।

डूबे थे दुख के सागर में,
सोच-सोच कर माँ देवकी की पीड़ा,
मिलेगी सुन कर यदुवंश की विनाश लीला,
क्या उत्तर देंगे यदि लौट द्वारका जायेंगे?

माँ के विश्वास का कौन सा मोल चुकायेंगे,
पिता वसुदेव कौन सा सुख पायेंगे?
भयंकर उफनती यमुना को जिसने था पार किया,
भाद्र कृष्ण-पक्ष की निशा भयंकर में,
कि मेरा अंतिम पुत्र जीवित बच जाये,
कंस के चंगुल से सुरक्षित निकल जाये,
वही चला गया उनके जीवित रहते,
कैसे समाचार सुन पायेंगे?
पर श्रीकृष्ण यदि जीवित लौटे,
माँ के सम्मुख कैसे जायेंगे,
द्वारका विनाश का कौन सा औचित्य बतायेंगे,
उचित यही होगा,
ज़रा शिघ्र से शिघ्र आ जाये,
हर उहापोह से मुक्ति दिलाये।

सोच रहे थे,कैसे भूलूँ?
विदर्भ नंदिनी को,
जिसने जीवन ही दाव लगाया था,
तब कहीं उसने मेरा सान्निध्य पाया था,
सत्यभामा रूप-गर्विणी थी,
जिसकी इच्छा पूरी करने को,
देवराज इन्द्र को हराया था,
पारिजात पुष्प-वृक्ष स्वर्ग से लाया था,

प्रसेनजित ने उनपर झूठा आरोप लगाया था,
स्यमन्तक मणि के साथ-साथ,
रीक्षराज की कन्या को संगिनी रूप में पाया था।
थी राज्याज्ञा,वर्जित मदिरापान द्वारका में,
फिर भी दाऊ पीते थे अपने महलों में,
ज्येष्ठ भ्राता थे,श्रीकृष्ण जानकर भी अनजान रह जाते थे,
उन्हीं की शह पाकर यदुवंशी,
छिप-छिप कर मदिरा पीते थे,
धर्महीन प्रलाप में लिप्त होते थे;
उनको एक उन्मुक्त अवसर देने को,
अपनी कुचेष्टा का मूल्याँकन कर लेने को,
श्रीकृष्ण दूर प्रभासक्षेत्र में लाये थे,
पर खेद! प्रभाव मदिरा का,
कर गया पार समस्त सीमायें,
हो बंधनमुक्त,मतिविहीन यदुवंशी,
टूट पड़े अपनों पर, लेकर जो भी हाथ लगा,
भूल गये थे सब पिता-पितामह की मर्यादा,
खो दिया था मर्यादा-पुरुषों ने भी अपनी सीमा,
देखते रहे श्रीकृष्ण लड़ते उनको कुत्ते-बिल्ली सा,
और अन्त?
हाय! हो गये श्रीकृष्ण अकिन्चन,
देख रहे थे बैठे-बैठे लाशों के ढेर,
पहचान नहीं सकते थे,
कौन पिता था,कौन पुत्र?

लग रही थी अन्तहीन प्रतीक्षा व्याध ज़रा की,
मृत्यु-लोक से मुक्त होने की;
शरीर धीरे-धीरे गतिहीन हो रहा था,
पर मस्तिष्क दौड़ रहा था तोड़ नभ की सीमायें,
व्यग्र था क्या कुछ पा जाँयें,
याद आ गया गुरु संदीपन का आश्रम,
मित्र सुदामा,गुरु,गुरु-माँ,
रो पड़े श्रीकृष्ण बह निकले आँसू,
मित्र सुदामा को दे दिया दो लोक,
धन-वैभव,ऐश्वर्य,सुख,सुविधायें,
दो मुट्ठी चावल के बदले;
गुरु संदीपन ने जो दी थी शिक्षा,
उतार दिया उसको कार्य-रूप कर जीवन में,
भक्ति-योग,ज्ञान-योग,कर्म-योग समाहित कर डाला,
गीता के उपदेशों में,
गुरु का दिया ज्ञान लौटाया,
ब्याज सहित मानव-जग को,
पर गुरु-माँ ,क्या उन्हें दिया?
मात्र उनका पुत्र जो खो गया था वर्षों पहले,
माँ देवकी,माँ यशोदा को किसी न किसी रूप में जग जानेगा,
पर स्नेहमयी ममता की मूरत गुरु-माँ को कैसे पहचानेग?
जिसके आँचल की छाया में हर ज्ञान मिला,
जगतगुरु होने का सम्मान मिला,
प्रतिक्षा करती रही कृष्ण का जीवन भर,

कभी तो केशव आयेगा,
मुरली के स्वर में श्लोक सुनायेगा,
इस माँ को स्नेहसिक्त कर जायेगा,
पर हाय,मैं रहा अभागा,
उज्जैनी कभी न जा पाया,
गुरु-माँ को अपनी सूरत भी दिखा न पाया,
उस माँ के स्नेह-ऋण को कैसे चुकता कर पाऊँगा,
मिलीं स्वर्ग में यदि,
क्या समझाउँगा?
पीपल बृक्ष देख रहा था श्रीकृष्ण को रोते,
उसके तन को आँसुओं से भिगोते;
धन्य हो गया वह जिसने,
अविनाशी,अनंत शक्तिरूप को देखा मनुष्य रूप में रोते।

याद आ गयी अचानक कृष्णा,पाँचाल नंदिनी,
जिसने सदैव था श्रीकृष्ण पर विश्वास किया,
हर सीमा से आगे,
हर रेखा को लाँघे,
पर बदले में मिला क्या उसको?
संदेह नहीं घूत-सभा में जब हो गयी असहाय,अकेली,
श्रीकृष्ण ने उसकी लाज बचाई थी,
पर कब? जब उसने याद किया उनको।
थी शास्त्र-संगत भार्या अर्जुन की,
पर कुन्ती ने उसपर अन्याय किया,

पाँच-पाँच भाइयों की पत्नी बन जाने को कह कर,
उसने आशा की थी श्रीकृष्ण उसे उबारेंगे,
इस अधर्म की स्थिति से वारेंगे,
पर किया क्या उनने?
पूर्व जन्म के पाँच वर का औचित्य बता डाला,
जो हुआ नहीं कभी,क्यों मिथ्या कह डाला,
यदि पाँच वर में कोई सच्चाई थी,
क्या वे सारे गुण नहीं थे स्वंय श्रीकृष्ण में?
श्रीकृष्ण भर गये विषाद से,
मैंने अन्याय किया अपनी प्रिय सहेली पर,
उसके पाँचों पुत्रों को बचा न पाया,
गांधारी पुत्र-विहीन हुईं अपने पाप-कर्म के कारण,
पर पाँचाली थी पाप-मुक्त,
फिर क्यों उसे पुत्र-हीन कर डाला,
मृत्यु लोक की तरह स्वर्ग लोक में तर्क नहीं चलता,
कृष्णा को क्या समझाऊँगा,
उसके प्रश्नों के उत्तर कैसे दे पाऊँगा?

याद आ गया कुरुक्षेत्र का सत्रहवाँ दिन,
कर्ण,भाग्यहीन कर्ण!
कर्ण था महादानी,
 जन-जन का कल्याणी,
जो भी याचक बन कर उसके सम्मुख आया,
कभी न लौटा ख़ाली।

पिता सूर्यदेव ने जन्म जात कवच-कुंडल देकर भेजा था,
हर महायोद्धा को उससे विजयी होने से रोका था,
देवराज इन्द्र ने कुटिल चाल चली थी,
अपने पुत्र के हाथों उसकी चिता चुनी थी,
बन याचक माँग लिया कवच-कुंडल उससे,
छीन लिया उसके जीवन की हर डोर उससे,
फिर भी सूर्य-पुत्र न सकुचाया,
याचक इन्द्र को निराश न लौटाया;
खोज रहा था महावीर अपनी स्मिता,अपनी जननी,
यदि सच्चाई वह पा जाता,
महाभारत कभी न होता।
था ज्ञात श्रीकृष्ण को उसके जीवन का सत्य,
वह उसे बता सकते थे,
पर वे चुप रहते थे;
क्योंकि पितामह भीष्म को भी ज्ञात था वह सत्य,
श्रेष्ठ कुरु होने के नाते यह उनकी जिम्मेदारी थी,
 सत्य छिपाना उनकी नादानी थी,
युद्ध से पहले श्रीकृष्ण ने सत्य बताया था,
पर कर्ण विश्वास न कर पाया था;
श्रीकृष्ण पहले भी कुन्ती को कर्ण के पास ला सकते थे,
पर ऐसा हो न पाया था।
घूतसभा में कर्ण ने कृष्णा को अपशब्द सुनाया था,
उसी का दण्ड सत्रहवें दिन पाया था,
पर जो हुआ,अधर्म था,

श्रीकृष्ण को क्षोभ हो रहा था,
"कर्ण था स्वंय नियति का मारा",
उसका वध धर्म से भी हो सकता था।

सुभद्रा थी उनकी सबसे प्रिय भगिनी,
जिसकी हर इच्छा श्रीकृष्ण ने सर-आँखों ली थी,
जिसके प्रेम के लिये रैवतक से अपहरण कराया था,
श्रेष्ठ भ्राता दाऊ की इच्छा को ठुकराया था,
उसी का पुत्र था अभिमन्यु,
उनका स्वंय का भान्जा,
अबोध बालक चक्रव्यूह में हत हो गया,
श्रीकृष्ण बचा न पाये।
हाय क्या दुर्भाग्य था!
शक्तिपुँज मामा और सर्वश्रेष्ठ धनुर्धर के रहते भी,
वीर मृत्युमुख में खो गया,
उगता सूरज अस्त हो गया,
था ज्ञात श्रीकृष्ण को,
द्रोण कुटिल हैं लिप्त इन्द्रप्रस्थ के राज-भोग की लालसा में,
कुछ भी अनुचित कर सकते हैं,
अपनी कृतज्ञता दर्शाने में,
चक्रव्यूह भी रच सकते हैं अपना राज बचाने में,
पांडव पक्ष में एक ही ज्ञाता व्यूह भेद करने में,

अधूरा ज्ञान लिये आगे आ सकता है पार्थ-पुत्र,
ब्यूह में प्रविष्ठ हो जाने को,
द्रोण अनीति,अधर्म,अनाचार कुछ भी कर सकते हैं,
दुर्योधन को जीत दिलाने को।
श्रीकृष्ण सोच रहे थे,यदि मैं स्वंय व्योम-ब्यूह या नारायण-ब्यूह
रचा देता,
द्रोण की खुल जाती युद्धज्ञान की क़लई,
सुभद्रा-नंदन बच जाता,अकाल मृत्युमुख जाने को,
सुभद्रा ने अतिशय रोष जताया था,
श्रीकृष्ण के भगिनी-स्नेह को मिथ्या बतलाया था;
स्तब्ध रह गये थे श्रीकृष्ण ,
दो अश्रुकण टपकाये थे,
वही अश्रुकण याद दिला रहे थे,
सुभद्रा के रोते चेहरे को,
उत्तरा के बिखरे केश,
असमय वैधब्य को;
हाय क्या किया मैंने!
अब कोई बहन विश्वास न कर पायेगी,
भाई को अपनी संतान सौंप न जायेगी;
जा रहा हूँ मैं बहुत कुछ खो कर,
बहन के खंडित विश्वास की अर्थी लेकर।

याद आगयी श्रीकृष्ण को अश्वस्थामा की बर्बरता,
किया जो उसने युद्ध की अंतिम रात्रि में,

निद्राग्रस्त योद्धाओं पर, पांडव शिविर में,
नृशंसता की उसने हर सीमा तोड़ी थी,
हर मर्यादा की हर सीमा उसने लाँघी थी,
सोच न पाये थे ऐसा कुकर्म गुरु-पुत्र कर सकता है,
संस्कारवान ब्राह्मण ऐसा अधम बन सकता है,
फिर भी वह नीच न माना था,
पांडव-वंश विनाश के लिये किया गर्भ-उत्तरा पर,
ब्रम्हास्त्र का निशाना था।
प्रत्युत्तर में,
पार्थ अर्जुन ने उसकी मस्तक-मणि छीनी थी,
श्रीकृष्ण ने श्राप दिया था,
"अनंत काल तक भटकते रहना संताप लिये,
यही तुम्हारी नियति होगी,
हे अश्वस्थामा! तुम्हें मुक्ति मार्ग न मिल पायेगा,
मैं ही दे सकता हूँ मुक्ति तुम्हें,
संतुष्ट मुझे जब कर पाओगे",
जा रहा हूँ अब मैं,
कृष्ण-रूप न फिर पाऊँगा,
धराधाम पर पुन: इस रूप न आऊँगा।
सोच रहे थे श्रीकृष्ण,
गुरु-पुत्र था,क्षमादान मैं दे सकता था,
निश्चित अवधि के बाद शाप-मुक्त कर सकता था;
पर खेद! उसने अपराध किये ऐसे,
मैं स्वंय को रोक न पाया,
जैसा किया,दण्ड भी वैसा पाया,

निकल गया तीर धनुष से लौटा न पाऊँगा,
अश्वस्थामा को अब क्षमा न कर पाऊँगा।

भटक रहा था श्रीकृष्ण क़ा मन,
अनंत की गहराई में,
लौट रहा था बार-बार ब्रज-गोकुल की अमराई में,
बन,बाग,तड़ाग,खेत,खलिहानों,गली ओर गलियारों में,
बचपन के वे दिन संगी और साथी,
खो गये कहाँ,कालचक्र के अँधियारे में,
अब न उन्हें फिर पाऊँगा,
हूँ मैं कैसा अभागा,जीवित रहा तब भी खोया,
अन्त समय भी सब कुछ खोकर ही जाऊँगा;
शांति नहीं, चिर-शांति ही अब पाऊँगा।

प्रयास कितना भी करते पर छटक-छटक जाता मन,
कहीं किसी भी गलियारे में जाता मन,
तभी अचानक सरसराहट सी हुयी पास की झाड़ी में,
लगा गुज़रा कोई जीव जन्तु,
एक तीर आ लगा दाँयें चरण तल में,
हुयी कुछ पीड़ा सी, होने लगा रक्त-स्राव धीरे धीरे,
देखा सामने खड़ा एक ब्याध काँप रहा थर-थर,
"नाथ! क्षमा करना,मृग जान तीर चला दी,
भूल हुयी;लगा आप पर,"

मंद-मंद स्मित मुस्कान लिये बोले गिरिधर,
"वत्स! यह थी नियति तुम्हारी,
तुमने अपना कर्म किया है,
हो निष्पाप,मैंने तुम्हें क्षमा किया है,
जाओ,अपनी राह चले जाओ;
मुझे भी अपनी राह चले जाने दो,
धराधाम पर अंतिम धर्म निभाने दो;
बस इतना ही बतला दो,
बिलम्ब किया क्यों तीर चलाने में,प्रहर दो"?

रक्त की धारा निकल रही निरन्तर,
शनै:शनै: श्रीकृष्ण को तन्द्रा आई,
मन्द पवन की गति में कुछ बुदबुदाहट पड़ी सुनाई,
" न स्वंय माँ-पिता का अंतिम संस्कार कर पाया,
न उन्हें तर्पण दे पाया,
न बचा कोई मुझको तर्पण देने वाला",
अब तो अर्जुन ही आयेगा,
पिता-पुत्र,बंधु-बाँधव,सगे-सम्बंधी,मित्र,
सभी का धर्म निभायेगा।
मेरे पार्थिव शरीर को छोड़ किसी अन्य शव को पहचान न
पायेगा,
जितना भी सम्भव होगा वैदिक रीति से संस्कार कर जायेगा।

हे ईश! हे महाकाल,लौटा रहा हूँ आपकी थाती,
श्रीकृष्ण रूप में जो जग ने था पाया,
धर्मसंस्थापनार्थाय प्रयास किया जीवन भर,
जिसने परित्राणाय् साधुनाम का धर्म निभाया।

अष्टम सर्ग

द्वापर

श्रीराम ने लिया विदा युग त्रेता से,

स्थापित कर मूल्यों की मर्यादा,

पारिवारिक सम्बंधों की,

जीवन की,राजनीति की,धर्म-कर्म की,

दे एक नयी परिभाषा,

दी भाषा स्वार्थों से ऊपर उठने की,

माँ-पिता,सगे-सम्बंधी,गुरुजन का,

आदर-सम्मान करने की,

जन-भावनाओं को सर्वोपरि रखने की,

उद्दात मूल्यों के रक्षार्थ सर्वस्व त्याग करने की।

श्रीराम के अनंत गमन के शोक में,

डूब गया युग त्रेता,

नहीं मिला कोई उसकी पीड़ा सुनने वाला,

नहीं मिला कोई उसका दुख हरने वाला,

धीरे-धीरे उसने भी समेट लिया स्वंय को,

कर गया अनुगमन अपने प्रभु का।

युग द्वापर आया,

लिये हुये महत्वाकांक्षा,

उर्धमुखी होने का,

अग्रज से दो सोपान ऊपर उठने का,

प्रारम्भ रहा अति शुभ,

जैसे-जैसे युग ने क़दम बढ़ाया,
अपना वर्चस्व फैलाया,
कंटकाकीर्ण पथ आगे आया,
हो गया विस्मित युगपुरुष,
अपने ही ताने-बाने से,
बनते-बिगड़ते वितानों से,
उलझ गया कुछ ऐसा,
टूटते-जुड़ते जीवन मूल्यों से,
होगया मतिविहीन गन्तव्य किधर था,
जा रहा मार्ग किधर था,
एक युग निर्माता आया,
जिसने अन्ततः मार्ग बताया,
किन्तु वह भी खो गया,
काल के अँधियारे में,
हो गया युगांत उसके जाते ही।

जाते-जाते सोच रहा था युग द्वापर,
क्या खोया मैंने,
क्या पाया मैंने,
क्या दिया जगत को,
इसी विचार में,
 खो गया स्मृतियों के गह्वर में।
देखा उसनें काल-खण्ड था पूर्ण, विसंगतियों से,
दोहरे मानदण्डों से,

नेत्रसहित नेत्रहीनों से,
जानबूझकर अनजान बनते लोगों से,
स्वार्थों के लिये तिलांजलि देते,
युग की महाविभुतियों से,
रो पड़ा वह देख दुर्दशा अपनी,
पर श्रोता न मिला कोई,
क्रन्दन सुनने वाला,
शांतिपथ दिखलाने वाला,
विखर गयीं सिसकियाँ उसकी,
व्योमपथ में,अम्बर में,
शनै: शनै: हो गया विलुप्त सब कुछ,
रह गयी बाक़ी हैं स्मृतियाँ भूतल पर।

देखा उसनें चरमोत्कर्ष का काल-खण्ड,
धीवरबाला मत्स्यगंधा और ऋषि पराशर,
उनका अवैध प्रेम-प्रसंग,
उत्पन्न संतान कृष्णद्वैपायन,
उनसे प्रारम्भ कर महाराज परीक्षित तक,
विकट काल-खण्ड था,
विसंगतियों और मूल्यों से भरा हुआ,
संतानोत्पत्ति कर भी धीवरबाला,
अक्षतयोनि कहलाई,
जग ने स्वीकार कर लिया,
ऋषि पराशर से अवैध सम्बन्धों को,

बन गयी सत्यवती,

महाराज शान्तनु के जीवन में आयी,

दिला भीष्म प्रतिज्ञा कुमार देवव्रत को,

जो था हस्तिनापुर का सर्वश्रेष्ठ उत्तराधिकारी,

उसी की पपौत्रवधू कुन्ती,

अपने ज्येष्ठ पुत्र कर्ण को,

कभी अपना न कह पायी,

यदि कुन्ती ने सत्यवती का मार्ग लिया होता,

इस भरतभूमि का इतिहास कुछ अन्य होता।

व्यास थे ऋषि,

मुक्त सांसारिक गतिविधियों से,

उनका धर्म नहीं था नारी-संसर्ग,

माँ का आदेश निभाया,

तीन-तीन नारियों का संसर्ग निभाया,

धृतराष्ट्र,पांडु और विदुर का जन्म कराया;

कैसे थे जीवन मूल्य,

ऋषि भी प्रेम कर रहे थे,

अवैध सम्बंध बना रहे थे,

कभी पराशर-मत्स्यगंधा

जो कृष्णद्वैपायन के जनक बने,

और यही व्यास बन,

अम्बिका,अम्बालिका और दासी के साथ रहे;

स्त्रीचाहत में रत रहे ऋषि,
कभी स्वेच्छा से,
कभी किसी आदेश से,
नियति क्या होगी ऐसे समाज की?
युग द्वापर सोचने लगा,
स्यात यही एक ऐसा अध्याय है मेरा,
जो सदैव मुझे दुख देगा,
मेरी अनंत पीड़ा का कारण होगा।

माना,शांतनु प्रेम कर बैठे बृद्धावस्था में,
जब उन्हें स्वंय लाना था,
पुत्र देवव्रत को सांसारिक जीवन में,
राजकर्म में,राजधर्म में,
करने को शांत पिता की ज्वाला,
ले लिया भीष्म प्रतिज्ञा पुत्र नें,
आजीवन अविवाहित रहने की,
मात्र हस्तिनापुर की सेवा करने की,
लिया नहीं था ऐसा कोई व्रत,
कन्या अपहरण का,
क्यों राजकन्याओं का हरण किया जीवन भर?
दिखा अपने शक्ति की,बल की,
अमर्यादित सीमा,

अनुज विचित्रवीर्य को नहीं मिलता था,
आमंत्रण किसी स्वंयवर सभा में,
 बलात अपह्रत कर लाये,
काशी नरेश की तीन-तीन बालायें,
अम्बा,अम्बिका,अम्बालिका,
लेने को प्रतिशोध,
स्वंयवर में हस्तिनापुर को आमन्त्रित,
नहीं करने का,
विवश किया उन्हें,
अपने अनुज,
निर्विर्य विचित्रवीर्य से वरण करने को;
अम्बा करती थी प्रेम साल्चनरेश शाल्च से,
वरण उन्हीं से उसको करना था;
किया प्रयास उसने पर सफल नहीं हो पाई,
ठुकरा दिया शाल्च ने हो गया था अपहरण उसका,
भीष्म नें भी नहीं उसे अपनाया,
कर ली प्रतिज्ञा उसने प्रतिशोध लेने की,
भीष्म विनाश करने की।
खेद नहीं था उनको इसका,
वर्षों पश्चात,
पुन: अपहरण कर ले आये गांधार नंदिनी को,
जो थी अतिशय सुन्दरी और विदुषी,
गांधार ने सोचा स्यात पांडु से वरण करना है,
पर कर दिया वरण उसका,

अंधे राज्यविहीन धृतराष्ट्र से,
गांधारी भूल न पायीं अपमान,
अपने मातृभूमि का,पिता का,स्वंय का,
अपना लिया अंधापन जीवन भर,
पुन: देख न सकें अपमान कोई अपने नेत्रों से,
भीष्म को पश्चाताप नहीं था कोई,
गांधारी का जीवन नष्ट करने का;
सोच रहा था युग द्वापर,
कैसा महापुरुष था मैनें पाया,
नि:संदेह रहा अविवाहित जीवन भर,
अपना वचन निभाया,
पर क्यों उसने अपमान किया,
नारी का जीवन भर,
नहीं कभी प्रयास किया,
ज्ञात करे इच्छा क्या थी,
अपहृत करने गया जिन्हें था वह;
गांधार और काशी दोनों से था,
मार्ग बहुत लम्बा हस्तिनापुर का,
करता क्या रहा वह इन कन्याओं से,
सम्पूर्ण मार्ग भर?
निर्वस्त्र जब की जा रही थी,
पपौत्रवधू पाँचाली द्यूत-सभा में,
क्यों शांत रहे भीष्म,
क्यों नहीं शक्ति दर्शाया,
जिसके सहारे करते रहे,

नृप बालाओं का अपहरण?
युग-पुरुष रोक नहीं पाया स्वंय को,
लज्जा,पीड़ा,खेद,ग्लानि से,
ऐसे महापुरुषों के हाथों,
जो उसने पाया;
सोचने लगा अच्छा है,
शिघ्रातिशिघ्र मैं प्रयाण कर जाऊँ,
इस खेदजनक पीड़ा से मुक्ति पा जाऊँ।

भूल नहीं पाता मैं उस महाप्रतापी,
महादानी,सूर्यपुत्र कर्ण को,
जिसे पुण्यपिता का वरदान मिला,
पर जननी का तो अभिशाप मिला,
उस काल में वह सूतपुत्र कहलाया,
रहा जूझता जीवन भर,
अपनी ही नियति से,अपनी ही भाग्य से,
छोड़ दिया प्रारब्ध ने उसे,
एक सारथी कुल में,
उसे मिला बहुत कुछ,
स्नेह मिला,सम्मान मिला,प्यार मिला,
नहीं मिला वास्तविक परिचय,
जीवन भर,
मिला जब परिचय माँ से,

वह कालरुपिणी बन कर आई,
मिटा दिया महावीर की स्मिता,
स्वर्ग की राह दिखाई,
था ज्ञात उसे छल था होने वाला,
देवराज,महाधूर्त इन्द्र के हाथों,
फिर भी उसनें उनका सम्मान किया,
अपने जीवन रक्षक कवच,कुण्डल,
दान दिया,
जो बना उसकी मृत्यु का कारण,
श्रीकृष्ण ने उसे उसका जन्म रहस्य,
 बतलाया था,पर अति विलम्ब कर,
स्वीकार किया नहीं कौन्तेय बनना,
राधेय नाम ही उसने अपनाया था;
उस दिव्य पुरुष को याद कर,
द्वापर के नेत्रों से अश्रुधार बह निकले,
पावन गंगा जल से,
हुआ नहीं कोई ऐसा भाग्यहीन महादानी,
होगा नहीं कोई ऐसा युग-युग में।

महादानी के स्मरण के साथ ही,
याद आ गया महा कुटिल शकुनि,
गांधार नरेश, मामा दुर्योधन का,
युगपुरुष सदैव रहा भ्रमित,

समझ नहीं पाया युगान्त तक,
क्यों अपना राज-काज छोड़ सूद्दूर गांधार में,
शकुनि डटा रहा अंत तक हस्तिनापुर में,
ऐसी क्या थी आवश्यकता उसकी?
शकुनि कहता रहा,
अंधी बनी बहन,अंधे बहनोई के सहायतार्थ,
हस्तिनापुर उनका हाथ बटानें आया था,
जो अन्याय हुआ था उनका,
फिर न हो भांजे के साथ,
यही सुनिश्चित करने आया था,
धृतराष्ट्र थे नेत्र से अंधे,
शकुनि ने उन्हें मति से भी अंधा कर डाला था,
गांधारी थीं पुत्र-प्रेम में डूबीं,
दुर्योधन था मूढ़-हठी,
शकुनि के वश में,उसके चंगुल में,
मामा के बुद्धि की बलिहारी,
राजा-रानी,और बेटे को परामर्श दे रही थी,
वशीभूत हो जिसके,
प्रतिदिन एक नई क्रीड़ा हो रही थी,
विदुर ही एक अकेले उसके पाश में नहीं आते,
सभी वयोवृद्ध हो चुके थे अनुचर,अनुयायी,
चलती रही क्रीणा अबाध गति से,
और परिणति,
सर्वनाश कुरुवंश का,
बच रहे मात्र पाँच पांडव;

युग द्वापर ने अनुमान लगाया,
शकुनि ने क्यों ऐसा खेल रचाया?
युगपुरुष को आ गया स्मरण,
अपमान वह जो भीष्म ने किया था,
गांधार का,गाँधार नरेश का,राज परिवार का,
राजकुमारी गांधारी का........
और अपमान रुका नहीं वहीं तक,
धृतराष्ट्र के कारण दर्दनाक मृत्यु मिली थी,
गांधार नरेश महाराज सुबल को,उनके शत पुत्रों को,
किसी तरह बच गया था एकमात्र शकुनि,
लिये हुये था धधकता हुआ ज्वालामुखी,
प्रतिशोध की अपने अन्तरमन में,
कुरुवंश का वही विनाश करना था उसको,
जो हुआ उसके कुल का था;
युगपुरुष डूब गया चिन्ता में,
यदि अनाचार और प्रतिशोध,
जीवित रहा लिये ज्वाला, भविष्य में
क्या कुछ होगा आने वाले युग में।

शकुनि के कुटिल चालों को,
पहचान एक ही व्यक्ति पाता था,
कहने को था वह महामंत्री विदुर,
पर सेवक का भी सम्मान नहीं,

महाराज धृतराष्ट्र से पाता था,
थे पिता एक ही पर माँ थी दासी,
दण्ड मिला था दासी-पुत्र होने की,
हर क्षण,हर अवसर पर उचित परामर्श दिया,
चाहा सदैव भला ही कुरुकुल का,
रहा अकिंचन जीवन भर,
चला गया अनाम,अनजान धरा से;
यदि विदुर नहीं होते,
पांडव समाप्त हो गये होते वारणावत में ही,
सफल हो गयी होती अधमता,
राजनीति षणयंत्रों की,
गांधारी-धृतराष्ट्र के पुत्रमोह के अंधेपन की,
यदि मानी होती सलाह उनकी,
नेत्रहीन,मतिविहीन धृतराष्ट्र ने,
द्यूतसभा नहीं होती,
समस्त नारीजाति का अपमान नहीं होता,
महाभारत का सूत्रपात न होता,
कुरुवंश विनाश न होता;
मात्र श्रीकृष्ण ने उनके मूल्य को पहचाना था,
हर संकट में उनका आतिथ्य ही स्वीकारा था,
हो गया विलुप्त वह महामनिषी,
नहीं ज्ञात किसी को वह संतानहीन,
महापुरुष किस ओर गया,
किस देश गया;

युगपुरुष को चिन्ता ने आ घेरा,
आहट दे रहा भविष्य का घोर अंधेरा,
विदुर रूप जो भी आयेगा,
सत्य की उपासना अवश्य करेगा,
पर सत्यमार्ग न दिखला पायेगा।

श्रीकृष्ण के नाम और रूप इतने,
जितनी क्रीड़ायें गोकुल में कान्हा ने कीं,
युग द्वापर प्रसन्न हो जाता था,
स्मरण कर श्रीकृष्ण को,
 उनके गुण को,कर्म को और धर्म को;
वह भूल नहीं पाता मित्र सुदामा को,
गुरुकुल में दोनों सहपाठी थे,
मित्रता थी, साथ था,बस इतना ही,
ग़रीब ब्राह्मण सुदामा जब आये द्वारका,
मित्र से मिलने,स्यात कुछ कहने,
भाव-विह्वल हो गये द्वारकापति,
दे दिया सब कुछ बिन माँगे ही,
बिना बताये ही;
द्रुपद और द्रोण भी थे सहपाठी,
गुरुकुल में अति घनिष्ठ,
द्रुपद ने कहा था विराट नरेश बनते ही,
आधा राज्य दूँगा,मित्र तुम्हें,
पर जब अवसर आया,

विराट नरेश भूल गये वचन अपना,
अपमान कर दिया सहपाठी का,
लगा लिया द्रोण ने सीने से अपने,
बन गये शत्रु दोनों एक दूसरे के;
एक ही काल-खण्ड था,
एक सी स्थितियाँ थी,
पर आचरण अलग था,
परिणाम भी अलग ही निकला।

पुन: स्मरण आ गया युग द्वापर को,
मत्स्यगंधा-सत्यवती और कुन्ती की कहानी,
दोनों ने आचरण किया था एक सा,
मत्स्यगंधा-पुत्र व्यास रहे सम्मानित,
कुन्ती-पुत्र कर्ण सर्वगुण सम्पन्न था,
फिर भी होता रहा अपमानित,
खोजता रहा जीवन भर परिचय अपना,
स्मिता अपनी;
युग-पुरुष पड़ गया उलझन में,
"क्या भूलूँ, क्या याद करूँ,
किस-किस का सम्मान करूँ,
और बहाऊँ आँसू किस-किस पर,"
कैसे भूलूँ भीष्म की गतिविधियाँ,
नारीजाति का घोर अपमान किया,
बना कर द्रव्य और भोग्या,

कभी प्रतिशोध के लिये,
कभी अयोग्य के वरण के लिये
कभी अपनी असहायता दिखा कर;
युगपुरुष हो गया चिन्तित ,
भीष्म का कृत्य एकदिन मानदण्ड बन जायेगा,
कलियुग में समाज अमर्यादित हो जायेगा,
माँ,भगिनी,भार्या,पुत्री सबका,
अपमान करायेगा,
स्यात सर्वाधिक पुत्री का,
जब भी किसी पिता से लेना होगा बदला।

युग द्वापर कितना भी प्रयास करे,
भूल नहीं पाता महासमर की अंतिम रात्रि,
ब्रह्मवेत्ता ब्राह्मण अश्वस्थामा,
गुरुपुत्र अश्वस्थामा,
बन गया अधम पातकी,
लाँघ गया कुकर्म की,दुष्कर्म की हर सीमा,
अच्छा किया श्रीकृष्ण ने दिया श्राप ऐसा,
भुगतता रहेगा पाप-दण्ड अनंत तक,
कलियुग में सीख दिलायेगा,
ब्राह्मण को धर्म,कर्म का ज्ञान करायेगा।
युग रहा सोचता,
सर्वश्रेष्ठ रत्न कह सकूँ जिसे,

क्या पाया?
श्रीकृष्ण के अतिरिक्त कुछ और,
दृष्टि नहीं आया,
जहाँ भीष्म ने नारी का अपमान किया,
नारी का सम्मान रहे अक्षुण्ण,
स्वंय को लुटा दिया केशव नें,
विदर्भनंदिनी रुक्मिणी के प्रेम का प्रत्युत्तर देने को,
द्वारका से विदर्भ तक आये,
बचा ले गये उसको अनिच्छत वरण से,
सम्मान दिया उसे अपनी प्रथम पत्नी का;
प्रागज्योतिशपुर में क़ैद,
वाणासुर के कारागारों से,
मुक्त किया सहस्रों सुन्दरियाँ,
सम्मान मिले उनको समाज में,जग में,
अपना नाम दिया,
पत्नी होने का सम्मान दिया;
महासमर के अंत में,
गांधार नंदिनी ने अपना सारा रोष उतारा श्रीकृष्ण पर,
श्राप दिया द्वारिकाधीश को,
अपने सा वंशहीन होने को,
श्राप निरस्त कर सकते थे,
फिर भी नारी गरिमा हेतु स्वीकार किया उसको,
निश्चित अवधि के उपरान्त,
समाप्त करा दिया यदुवंश,
हिरण-कपिला संगम तट पर।

युगपुरुष रोमांचित हो जाता,

याद कर मथुरा और उज्जैनी,

 मथुरा की वह कुबड़ा कुब्जा दासी,

उपेक्षित जग से ,समाज से,

कुमार केशव ने उसको रूप दिया,

अलग पहचान दिया,

सम्मान दिलाया जग से;

उज्जैनी गुरु का आश्रम,

गुरु संदीपनि,गुरुमाता और गुरुमंदिर का नंदी;

गुरु का सम्मान बढ़ाया,

देकर ज्ञान जगत को गीता का,

गुरुमाता को ला दिया पुत्र उनका,

खो गया था जो सागर में वर्षों पहले,

पर नंदी,

नंदी रह गया रिक्त,

वह तो श्रीकृष्ण-भक्त था,

आज भी प्रतीक्षारत है,

बैठा टकटकी लगाये कृष्ण-गमन की दिशा में;

युग द्वापर ने की प्रार्थना विनीत स्वर में,

हे मुरलीधर! एक बार फिर आ जाओ,

कर दो समाप्त प्रतिक्षा,

इस शिवसेवक नंदी की।

श्रीकृष्ण ने सदैव सम्मान किया,
मान रखा अपने भक्तों का,मित्रों का,
दिया सदैव सहारा कृष्णा को,
धर्मज्ञ पांडवों को,
तोड़ दी स्वंय की प्रतिज्ञा,
रखा मान भीष्म का,
समर भूमि में उठा रथ-चक्र,
अर्जुन की रक्षा उनके वाणों से करने को,
नहीं कभी गर्व किया,
नहीं खोया संयम विकट परिस्थितियों में,
बाँटा ज्ञान समर भूमि में भी,
दे गये ज्ञान ऐसा धर्म,कर्म,मर्म का,
मानव जीवन पाता रहेगा,
प्रकाश युग-युग तक,
युग पुरुष हो रहा था हर्षित,
अपने इस चरित्रवान नायक पर,
कर्मभूमि में भी जो हाँक रहा धर्मरथ था;
मन ही मन किया प्रणाम उसने,
दोनों हाथों को नभ की ओर उठाये,
कृष्णम बंदे जगतगुरुम।

युग द्वापर समझ नहीं पाता है,
बार-बार निराश हो जाता है,

पांडव करते रहे सेवा,सत्कार,

ऋषियों का,मुनियों का जीवन भर,

उन्हीं की गोद में पला उनका प्रौत्र परीक्षित,

क्यों और कैसे हो गया निरंकुश,

कर दिया अपमान ऋषि श्रृंगी का,

मृत सर्प डाल समाधिस्थ ऋषि के गले में,

ऋषि की जब तन्द्रा टूटी,

हो क्रोधित श्राप दिया,

ले अंजुलि में कुशा और गंगाजल,

"हे नृप इस उद्दण्डता का दण्ड तुम पाओगे,

सप्त-दिवस के समाप्त होते-होते,

सर्पराज तक्षक के दंश से तुम मृत्युमुख जाओगे"।

महाराज परीक्षित ने हर सम्भव प्रयास किया,

सर्प-दंश से बच जाने को,

पर हाय!

व्यर्थ गये सब,

येन-केन प्रकारेण तक्षक ने कर दिया,

कार्य अपना सातवें दिन की संध्या को,

हो गया अंत महाराज परीक्षित का,

स्यात यह प्रथम प्रभाव था,

कलियुग का,उसके आगमन का।

महाराज जनमेजय का काल,

कुछ वर्षों तक बना रहा संधियुग,

द्वापर के जाने का,कलियुग के आने का;

महाकाल का आदेश मिला द्वापर को,
धराधाम से गमन कर जाने को,
जो भी स्मृतियाँ चाहे ले जाने को;
कर अंतिम प्रणाम इस धरती को,
युगपुरुष ने मात्र एक ही इच्छा व्यक्त की,
हे ईश! कल्पांत के पश्चात,
नई सृष्टि की रचना यदि करते हो,
एक नया अवसर यदि मुझको देते हो,
मुझे कुछ दो या न दो,
चाहे मेरी झोली ख़ाली रख दो,
बस एक ही चाह यही,
मुझे श्रीकृष्ण को अवश्य देना।

About the Book

As per Hindu Mythology the total period of one creation of universe is divided into four time blocks called YUGAS(era),first being Satyuga,followed by Treta,Dwapar and Kaliyuga. As the YUGAS proceed the values decline and the Kaliyuga being the bottom period of values.

Dwapar YUGA was a saga of contradictions and paradoxes when ideal and worst both were happening together simultaneously at the same time but in different locations involving different people and ultimately it ended with a great destructive war between the two group of brothers of the same family.However,the entire saga is not just a simple story but it contains lessons of life and the light for ages to come.

There are some characters who have played the vital roles in shaping the destiny of the era and still they had their box of agonies.These characters are Kunti,Yashoda,Devaki,Krishna,Karna and Lord ShriKrishna.

The book touches upon the feelings and sentiments of agonies they had and also what the era Dwapar had while he was fading away giving place to Kaliyuga .

ABOUT THE AUTHOR

Dr.O.P.Yadava is a well known author having to his credit a large number of books having come out through CREATESPACE. He has written books both in English and Hindi encompassing areas of fiction and mythological subjects.Dr.Yadava is a doctorate in Chemistry from the University of Allahabad and has served different academic institutions and Defence production department of the government of India.Author is currently devoting himself in social activities and writing on different issues.

His famous works in Hindi are KAIKEYI,Devaki,ShriRam Ki Vyatha,Karna and his works in English are Destiny is Not My Destination,Beyond The Barren Lands,Will You Ever Meet Me Again,Ecstacy In Agony etc,etc.

Yuga Dwapar while biding adieu to its time block had expressed only one wish and that was to get back Lord Krishna who was the gem of mankind always striving for righteousness and good of all,if it got an opportunity to come back again.

Era of Dwapar was full of paradoxes when human values were being destroyed and established at the same time and particularly the dignity of women had rapidly come to the lowest ebb.Self interest had overtaken the right and wrongs were given preponderance which ultimately resulted into a Great War leading to annihilation of all wrong doers and their supporters.Lord Krishna not only supported the Dharma but also gave an eternal knowledge in form of Bhagwat Geeta which would show light to mankind in ages to come.